세계 관광 트렌드 인사이트 2021

뜨는 관광에는 이유가 있다

한국관광공사 지음

PUSHKIN HOUSE

차례

PART 1 자연친화 관광 — 이제는 자연이다

1. 에코투어리즘
시드니	지구를 지키는 생태관광	010
로스앤젤레스	로드 트립의 천국	022
알마티	천상의 낙원을 걷다	034

2. 자연과 관광의 콜라보
블라디보스톡	태초의 땅에서 느끼는 자연의 신비	050
오사카	온몸으로 느끼는 대자연 여행	060

PART 2 웰니스 관광 — 힐링을 찾아 떠나다

1. 진정한 힐링 여행
마닐라	최고의 휴식을 누리다	076
뉴델리	진화 중인 인도 요가 산업	083

2. 리조트의 변신
쿠알라룸푸르	최고의 휴식을 찾아서	092
이스탄불	터키의 다채로운 관광도시들	098

3. 음식 문화 여행

시안	역사와 전통의 서민 먹거리 관광	114
홍콩	세계의 요리들이 모이는 도시	123

PART 3 새로운 여행법 — 도시에서 소확행을 즐기다

1. 도시의 재발견

파리	관광 속에 어우러지는 스포츠와 문화	136
뉴욕	지하철에 숨어 있는 보석을 만나다	142
런던	숨어 있는 의학 스토리를 발견하다	151
방콕	이제, 야시장이 트렌드를 선도한다	157
청두	삼차원적인 매력의 도시, 충칭	170

2. 미스터리 여행

토론토	목적지도 모른 채로 여행을 떠난다고?	182
타이베이	코로나19가 탄생시킨 특이한 관광상품	191

PART 4 관광자원 개발 — 도시재생을 통해 부활을 꿈꾸다

1. 도시의 재탄생

모스크바	폐허가 문화예술 공간으로 부활하다	204
후쿠오카	스마트한 도시, 더 편해진 여행	216
싱가포르	관광산업을 성장시키는 도시재생	222
상하이	상하이 안에 있는 유럽	229

2. 새로운 관광자원

두바이	황무지 돌산의 변신	244
광저우	사계절 내내 스키를 즐기다	252
프랑크푸르트	주민들과 함께 만들어가는 관광	261
우한	시공간을 초월하여 살아 있는 극장	271
도쿄	특별한 휴게소로 떠나는 여행	277

PART 5 역사·문화 체험 관광 — 역사를 통해 배우고 즐기다

1. 다크 투어리즘

하노이	아픈 역사를 관광으로 승화시키다	288
자카르타	황폐한 자연에서 희망을 길어 올리다	297

2. 역사·전통문화 체험

베이징	여행하며 배우는 역사학습	310
선양	접경지역에서 만나는 평화관광	318
울란바토르	축제를 통해 유목민 문화를 즐기다	324

Part 1 자연친화 관광

이제는 자연이다

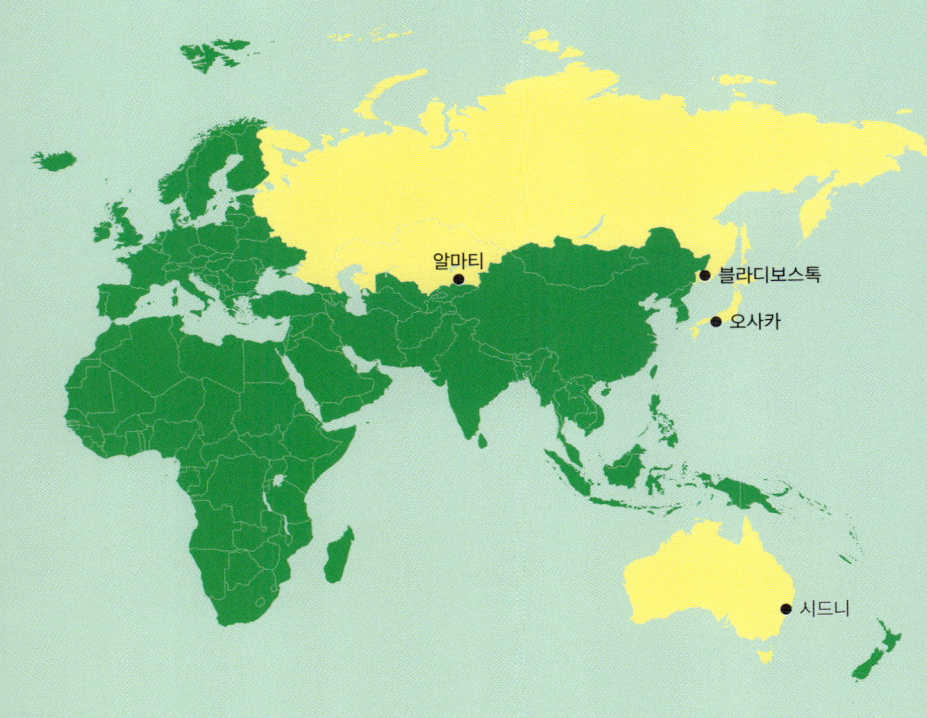

코로나19를 겪으며 우리는 변화하지 않으면 생존할 수 없다는 걸 깨달았다. 끊임없는 개발과 새로움의 추구를 멈추고 어떻게 나아가야 하는지 점검할 때다. 관광 분야도 마찬가지다. 사람들로 넘쳐나는 관광 명소, 오지와 원시림 탐험 등 그동안 우리는 하나밖에 없는 지구를 너무나 혹사시켜 왔다. 이제는 자연에 미치는 영향을 최소화하고 지속 가능한 관광을 위해 무엇을 준비하고 어떻게 해야 하는지 적극적으로 고민하고 실천해야 한다. 이미 '자연관광'을 실현하고 있는 여러 나라의 사례를 소개한다.

1

에코투어리즘

시드니

로스앤젤레스

알마티

유명 관광지와 도심을 벗어나 여유롭게
'떠남'의 의미를 제대로 되새기는 여행 본연의 여행.

대자연 속에 살아 있음을 가슴 벅차게 느끼며
인류를 살게 해준 자연에 감사하게 되는 여행.

이제, 지구에 최소한의 발자국을 남긴다는 마음으로
한 발짝 한 발짝 천천히 내디뎌보자.

시드니

지구를 지키는
생태관광

에코인증 프로그램

　코로나19 이후, 뉴노멀 시대 사람들의 여행지 선택 기준과 관광형태는 어떻게 변화하게 될까? 관광 전문가 및 미디어들은 사회적 거리두기의 일상화로 붐비지 않는 관광지, 즉 밀집도가 높은 실내 시설 관광보다는 아웃도어 관광, 자연을 즐기는 관광을 선호하는 경향이 커질 것으로 예상한다. 또한 관광으로 자연에 미치는 영향을 최소화하고 지속 가능한 관광을 지향하는 에코투어리즘^{생태관광}이 새롭게 재조명될 것으로 보인다. 이러한 변화의 흐름 속에서 주목할 만한 나라가 바로 에코투어리즘의 선진국, 호주이다.

● **호주의 에코관광 인증프로그램**
　호주는 세계 어디에도 없는 호주만의 독특한 자연생태환경, 동식물들의 다양성 그리고 5만 년 전부터 존재한 원주민 문화 등을 보존하기 위해 국가와 민간 차원 모두에서 많은 관심과 노력을 쏟는 나라로 유명하다.
　그중에서 '에코투어리즘 오스트레일리아'^{Ecotourism Australia}라는 비영리 기관에서 1996년부터 운영해 온 '에코인증^{Eco-Certification} 프로그램'은 호주 관광업계의 친환경 서비스 수준을 잘 보여준다. 이 기관은 에코투어리즘 관광상품, 관광지, 숙소, 가이드, 호주 원주민 문화보호 등 다양한 분야에 걸

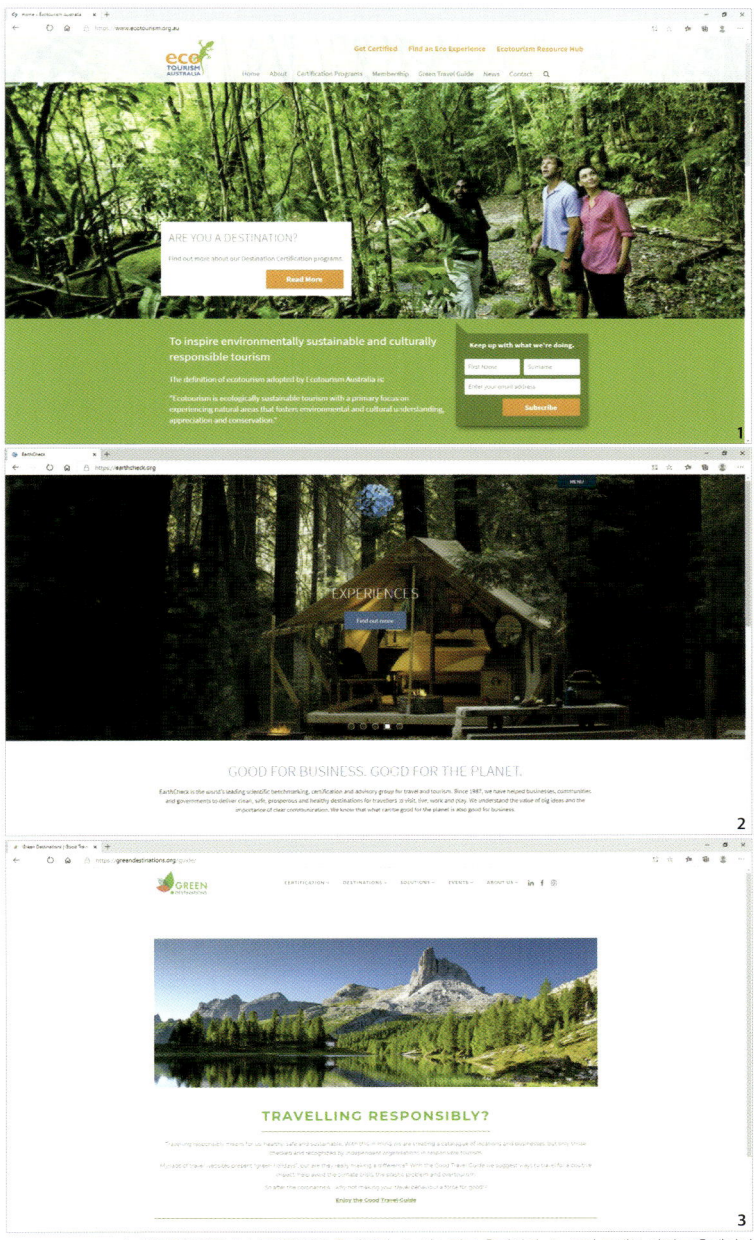

1. 에코투어리즘 오스트레일리아 홈페이지   2. 어스체크 홈페이지   3. 그린 트래블 가이드 홈페이지

1 에코투어리즘 — 시드니

쳐 인증 제도를 운영하는데, 이중 관광상품에 대한 '에코인증 관광'^Eco-Certified Tourism 은 세 가지 단계로 세분화되어 있다. 첫째, 자연에 최소한의 영향을 남기는 수준의 '에코인증 자연관광'^Eco-Certified Nature Tourism, 둘째, 여기에서 나아가 자원을 최적으로 활용하고 자연을 배우고 보존하는 데 기여하며 지역사회를 돕는 '에코인증 생태관광'^Eco-Certified Ecotourism, 마지막으로 이러한 에코인증 생태관광 중에서도 업계를 선도하며 우수한 성과를 보이는 관광상품에 주어지는 '선진 에코인증 생태관광'^Eco-Certified Advanced Ecotourism 이다.

2016~2020년 장기 계획에 따라 에코투어리즘 활성화 정책을 주 정부 차원에서 강력하게 실천하고 있는 퀸즐랜드주의 경우, 주 정부에서 지정한 보호구역에서 관광사업을 하려면 '에코투어리즘 오스트레일리아'와 '어스체크'^Earthcheck 와 같은 전문기관의 인증을 받는 것이 필수 조건 중의 하나일 정도로 이 인증 제도는 신뢰성이 높다.

2020년 6월 기준, '에코투어리즘 오스트레일리아'에는 500여 개 업체가 가입해 있고, 1,700개가 넘는 관광상품이 에코인증을 받았다. 또한, 매년 평균 30~35개 신규 여행 관련 업체들이 엄격한 심사를 거쳐 새롭게 에코인증을 받고 있다. 이렇게 풍부한 친환경 관광 선택지 속에서 생태관광을 원하는 여행자들은 '에코투어리즘 오스트레일리아'가 운영하는 '그린 트래블 가이드'^The Green Travel Guide 검색 프로그램을 통해 에코인증을 받은 관광상품들을 손쉽게 검색할 수 있다.

에코인증을 받은 상품들 중, 퀸즐랜드주의 '쿠란다 스카이레일 열대우림 케이블카'^Kuranda Skyrail Rainforest Cableway 는 선진 에코인증 생태관광상품의 가장 뛰어난 사례 중 하나로 소개할 만하다. 케이블카는 보통 검토 단계에서부터 자연보호주의자들의 강한 저항에 부딪히는데, 호주의 이 케이블카는 건설 과정부터 철저히 친환경적이었기 때문에 그런 문제가 없었다. 케이블카 탑의 기둥을 곡괭이와 삽을 이용해 수작업으로 세우고, 건설작업에 필요한 도로를 새로 만들지 않았으며, 대부분 헬리콥터를 이용해 건설했다. 또한 헬리콥터에 의한 바람이 열대우림에 영향을 주는 것을 우려해 100m

길이의 긴 줄을 이용하여 장비와 자재를 운반한 것은 정말 놀랄 만하다. 케이블카의 중간정거장도 동물들에게 영향을 주지 않는 곳, 즉 이미 비어 있는 공간에 만듦으로써 동물과 자연환경에 주는 영향을 최소화했다. 또한 이 케이블카의 운영수익은 '스카이레일 열대우림 리서치 기금'으로 조성되어 열대우림을 위한 조사와 교육활동에 사용된다.

'에코투어리즘 오스트레일리아'로부터 에코인증을 받은 업체들의 총 매출은 호주 달러로 연간 약 16억 달러^{약 1조 3천억 원}이고, 호주 내 약 1만 4천여 명을 고용할 정도로 친환경적 가치를 지키면서도 비즈니스 측면에서도 큰 성과를 보이고 있다. 또한 2018년에는 호주 대표 항공사인 콴타스 항공사에서 주최하는 관광시상제도^{Qantas Australian Tourism Awards}의 수상자 중 4분의 1이 이 업체들 출신일 정도로 높은 명성을 얻고 있다.

'에코투어리즘 오스트레일리아' 관계자에 따르면 향후 여행 트렌드는 자연스럽게 사회적 거리두기가 이루어지는 '자연관광' 분야로 옮겨갈 것이기 때문에 에코인증을 받은 관광업체야말로 포스트 코로나 시대 여행자들의 욕구, 즉 소규모의 자연 친화적인 여행과 '건강'을 추구하는 웰니스 여행을 충족시키는 성공적인 비즈니스 모델이 될 것이라고 확신하고 있다.

- **자연에 최소한의 발자국만 남기는 친환경 숙박**

2019년 글로벌 숙박예약 사이트 부킹닷컴의 조사 결과에 따르면 여행소비자들은 지속 가능한 관광을 선호한다고 한다. 여행자들의 약 62%는 에코 레벨이 붙은 숙소에 머물렀을 때 더 큰 만족감을 느끼며, 71%는 사업자들이 여행자들에게 지속 가능한 관광 선택지를 더 많이 제공해야 한다고 생각한다. 또한 호주 관광청의 소비자 조사 결과에 따르면 해외의 고부가 관광객들이 호주를 방문하는 가장 큰 동기는 '자연'과 '야생동물'이라고 한다.

이러한 소비자들의 요구에 착안해 타인과의 접촉을 최대한 줄이고 온전히 자연과 휴식을 즐기기 위한 서비스를 제공하는 친환경적인 숙박지를 엄선하여 예약서비스를 제공하는 플랫폼이 있다.

쿠란다 스카이레일 열대우림 케이블카

'립어라이드'^{Riparide} 공유숙박 예약사이트의 창업자 말콤 로우는 인적 없는 산중이지만 내 집의 뒷마당에서 여행을 즐기는 듯한 경험을 제공하는 숙박지를 소개하고 싶었다. 그리고 그는 도시인들이 똑같은 일상을 벗어나 이색 숙소에 머물면서 영혼을 충족시키는 진정한 디톡스를 경험하기를 바란다고 이야기했다. 이러한 아이디어에서 출발한 립어라이드는 사업 초창기에는 빅토리아주 내의 숙소만 예약이 가능한 소규모 플랫폼이었지만, 현재는 뉴사우스웨일즈주까지 아우르는 총 1,026개 숙소를 제공하는 플랫폼으로 성장했다. 시골 통나무집, 캠핑카, 텐트에서부터 화려한 친환경 빌라까지 다양한 숙소를 이른바 '인스타그램 감성'으로 소개하기 때문에 립어라이드에서는 일반적인 예약사이트의 흔한 별점 평가나 최저가 비교는 찾아보기 힘들다. 화보 같은 숙소 외관과 객실 인테리어 사진들이 소비자의 눈을 사로잡는다. 그뿐만 아니라 여행객이 실제로 경험한 숙소 주변 야외활동을 이야기 형식으로 소개하여 마치 작가 또는 친구의 여행 블로그를 보는 것 같은 느낌을 준다.

또 다른 호주의 친환경 숙박 예약플랫폼 '그린 겟어웨이'^{Green Getaway}도 지속 가능한 관광을 실천하는 엄선된 숙소들에 대한 예약서비스를 제공한다. 숙박업소를 선정할 때 자연에 미치는 영향을 최소화하고 지역사회를 해치지 않기 위해 진정한 노력을 기울이는 숙소 운영자의 철학을 주요한 선정기준으로 삼고 있다. 이는 자연과 지역사회를 존중하는 책임 있는 관광업을 지향하기 위한 것이라고 한다.

그린 겟어웨이 플랫폼에 올라와 있는 숙소 중 하나를 소개한다. 뉴사우스웨일즈주 시드니 북부 던보건에 위치한 '다이아몬드 워터스 트리하우스 리트릿'^{Diamond Waters Treehouse Retreat}이다. 이 숙소는 에코투어리즘 오스트레일리아 기관의 선진 에코인증 생태관광을 받은 대표적인 친환경 리조트로서 2004년 식물보호구역이던 곳에서 작은 숙소로 시작해 현재는 화려한 보타닉 스타일의 숙박, 웨딩, 컨퍼런스 시설을 갖춘 복합리조트로 성장했다. 리조트 조성 초창기부터 주변 환경에 가장 최소한의 영향만 끼치는 시설

디자인 및 건설이 원칙이었으며 화학 제품 없이 재활용 및 유기농 원자재만 100% 사용했다고 한다. 절연 자재를 활용한 건축으로 한여름에도 에어컨이 필요하지 않고, 숙소 운영에 필요한 물과 전기는 100% 빗물, 지하수, 태양열만 사용하며, 하수는 토양 필터를 거쳐 관개용수로 재활용하는 등 에너지 사용과 쓰레기 생산을 최대한 줄이는 것이 운영 철칙이다. 이로 인해 숙소 주변의 우거진 숲과 동물 등 자연환경 관리 비용이 일반 업소보다 월등히 많이 들며 화재에 취약해 보험비가 상당히 높고 고객들의 안전 관리 규정도 도심의 호텔보다 까다롭다.

이러한 운영상의 어려움 속에서도 화려함보다는 친환경 가치를 최우선시하는 운영 철학을 고집해 온 결과, 철저하게 친환경 원칙으로 운영되는 이 리조트를 경험해보려는 많은 관광객들을 끌어모으고 있다. 리조트 대표 피터 존슨에 따르면 객실 예약율이 연중 70%일 정도로 인기가 높다고 한다. 리조트 객실의 최소 평수가 일반적인 숙소들의 평균 25㎡ 대비 90㎡로 꽤 넓고, 시설 특성상 재정리 시간이 반나절에서 약 하루가 소요되어 불가피한 공실이 발생하는 것을 감안할 때 사실상 연중 예약이 거의 꽉 차 있는 것이나 다름없다. 현재 유럽, 아시아, 중동, 러시아, 아프리카, 북미 국가 등 해외 각국에서 온 여행자들이 전체 고객의 약 35%를 차지하고 있다. 또한 코로나19로 여행을 꺼리는 위기 상황에서도 오히려 호주 국내 여행객의 예약 문의가 늘어나는 등 상대적으로 타격을 덜 받고 있다고 한다.

- **생태관광의 보고, 퀸즐랜드주의 친환경 관광 프로그램**

새끼거북들이 태어난 후, 바다로 달려가는 모습을 보는 것은 생명의 경이에 대한 커다란 감동을 불러일으키는 최고의 경험 중 하나일 것이다.

호주 퀸즐랜드주 번다버그 지역에서 동쪽으로 14km 떨어진 곳에 위치한 '몬 레포스 국립공원'^{Mon Repos Conservation Park}은 바다거북이 알을 낳기 위해 찾는 유명한 지역 중 하나로, 이곳의 '몬 레포스 거북 센터'^{Mon Repos Turtle Centre}에서 호주의 우수한 생태관광 프로그램을 만나볼 수 있다.

몬 레포스 거북 센터는 재개발되어 2019년 11월에 개관했다. 재개발 당시 이 센터의 구조와 자재를 친환경적으로 설계했다. 인근 지역에서 재배, 가공된 목재를 주요 건축자재로 활용하고 거북의 등껍질을 닮은 듯한 다이아그리드 천장구조를 적용하는 등 자원 낭비와 폐기물 발생을 최소화하면서도 바닷바람과 태풍에 오랫동안 견딜 수 있도록 건축했다. 또한 건물을 해변의 모래언덕 뒤에 지어서 새끼거북들이 바다로 향하는 데 방해가 될 수 있는 인공적인 빛이 유출되지 않도록 세심히 조성했다.

이 센터에서는 생태환경 전문가와 함께 멸종위기에 처한 붉은바다거북을 관찰하는 '몬 레포스 거북과의 만남' 프로그램을 운영한다. 매년 11~3월 동안 고향인 해안으로 돌아온 어미 거북이 알을 낳고, 새끼거북이 부화하여 바다로 가는 것을 관찰하는 이 야간 가이드 투어는 매년 3만여 명이 찾을 정도로 인기가 높다. 센터 운영과 관광프로그램을 통해 얻은 수익은 바다거북의 보존, 연구, 교육 및 훈련에 투자된다. 더불어 바다거북의 탄생과 생태에 대해 생생하게 느끼는 이러한 체험은 방문객들에게 생명의 소중함을 일깨워주는 잊을 수 없는 추억을 선사한다.

- **친환경 교통수단을 활용한 관광상품**

호주 퀸즐랜드주의 북동쪽 해안, 모스만과 케언즈 북쪽에 위치한 '데인트리 열대우림'$^{Daintree\ Rainforest}$ 또한 유명한 생태관광지 중 하나이다. 1,200㎢에 달하는, 호주에서 가장 크고 울창한 열대우림 중 하나이자 공룡시대부터 유지되어 온 오랜 역사를 지닌 곳으로서 산맥에서부터 시작해 빠르게 흐르는 개울, 폭포, 협곡 등 다채롭고 아름다운 경치를 자랑한다. 또한 다양한 동식물의 서식지라는 가치를 인정받아 1988년 유네스코 세계자연유산으로 등재되었다.

데인트리 열대우림을 친환경 교통수단을 활용하여 탐험할 수 있는 관광상품이 출시되어 주목받고 있다. 첫 번째 프로그램은 친환경적인 탈거리를 통해 열대우림을 탐험하는 '프리라이드 일렉트릭 어드벤처 투어'^{Freeride}

1. 몬 레포스 거북 센터 (사진 출처 : parks.des.qld.gov.au/parks/mon-repos) 2. 붉은바다거북
3, 4. 몬 레포스 거북과의 만남

에코투어리즘 —— 시드니

1 에코투어리즘 —— 시드니

데인트리 열대우림과 열대우림에 서식하는 동물들

Electric Adventure Tours이다. 전기자전거를 통해 정글을 탐험하는 이 투어는 환경에 해를 끼치는 탄소배출과 유독성 폐기물을 최소화한다. 열대우림 속으로 깊숙이 들어가 녹지에 둘러싸인 경치를 즐기는 한편, 열대우림을 잘 아는 가이드와 함께 야생 동식물을 관찰하면서 우거진 숲의 고요함을 만끽할 수 있고, 숨겨진 비밀의 수영장을 발견할 수도 있다. 2017년 스타트업 비즈니스로 시작한 이 여행프로그램은 지역 정부인 더글라스 샤이어 카운슬로부터 전기자전거 구매자금을 지원받아 사업을 확장하고 있다.

또 다른 프로그램은 '데인트리 보트맨 네이처 투어'Daintree Boatman Nature Tour에서 운영하는 탐방프로그램으로 10인 이내 인원이 탑승하는 소규모 크루즈를 타고 맹그로브 숲, 강에 서식하는 물총새, 백로, 웜푸과일비둘기, 흰배바다수리 등 아름다운 조류와 악어, 비단뱀 등 놀라운 파충류를 관찰하는 투어이다. 2019년부터 크루즈 보트에 리튬배터리로 작동하는 전기모터를 장착함으로써 새벽과 해질녘에 고요한 강가에서 진행할 수 있고 야생동물의 생태 교란을 줄여줄 뿐만 아니라 승객들도 더욱 쾌적하게 관찰할 수 있게 되었다고 한다. 데인트리 열대우림의 이 두 가지 친환경 프로그램은 모두 희귀한 생물들을 자연 그대로 만날 수 있는 특별한 체험으로서 여행 리뷰 웹사이트 트립어드바이저에서 평점 5점 만점을 유지할 정도로 만족도가 매우 높다.

● **코로나19 이후를 준비하자**

우리나라에도 훌륭한 생태관광자원이 많다. 국립공원의 산과 바다를 비롯해, 다양한 해양생물이 서식하는 갯벌, 람사르 습지, 사람의 손길이 오랫동안 닿지 않은 DMZ비무장지대 지역 등은 우리나라 고유의 자연의 아름다움과 매력을 느낄 수 있는 관광자원들이다. 이러한 지역들이 호주의 생태관광 발전 사례처럼 체계적으로 연구 및 개발되어 코로나19 이후 다시 해외여행이 재개된 후에 세계인들이 즐겨 찾는 생태관광 명소로 거듭나기를 기대해 본다.

로스앤젤레스

로드 트립의
천국

RV 캠핑

　코로나19로 인해 일상생활이 자유롭지 못한 요즘, 국내 여행마저 참아야 할 일 중의 하나가 되어 버렸다. 하지만 매일 똑같은 종류의 식사만 할 수 없듯이 우리는 가끔 떠나는 여행을 통해 지친 심신을 회복하고 일상을 꾸려갈 힘을 얻는다. 그럼, 요즘 상황에서 할 수 있는 현명한 여행 방법은 무엇일까?

　최근 몇 해 동안 주목받고 있는 '슬로우 트래블'이 그 답이 될 수 있겠다. 사람이 많은 유명 관광지나 도심을 벗어나 여유로움을 즐기는 여행이니 지금의 상황에서는 최적의 여행 방법이 아닐까? 사실 몇 해 전부터 자연과 더 가까워지고자 하는 여행객들이 증가하면서 이런 여행 문화가 각광 받아 왔다. 국내에서 꾸준히 사랑받는 '제주 오름 도보 여행'도 힐링을 주제로 한 '슬로우 트래블'의 대표적인 예로 볼 수 있다. 최근 미국의 여행 트렌드는 이러한 '슬로우 트래블'과 '아웃도어 액티비티'를 함께하며 다양한 체험을 할 수 있는 여행이다.

- **미국의 '찐' 캠핑 문화**

　가장 대표적인 예가 로드 트립$^{\text{장거리 자동차 여행}}$이다. 특히, RV$^{\text{Recreational Vehicle, 레저용 자동차}}$ 캠핑은 매년 4천만 명 이상의 미국인들이 하는 가장 인기 있는 여

1 에코투어리즘 — 로스앤젤레스

RV 캠핑

1. 밴라이프 2. 칼스배드 3. 잘라마 비치

행 방법 중 하나다. 2018년에 미국에서 캠핑을 떠난 가구는 총 7천8백만 가구로 역대 최고치를 기록했는데, 이는 미국 전체 가구의 62%를 차지할 만큼 많은 미국인들이 즐기는 여행 방법이다. 특히 캘리포니아 사람들이 캠핑에 익숙한데, 이는 아마도 어릴 적부터 익힌 습관이나 전통적으로 원주민과 카우보이 문화에서 영향을 받았기 때문일 것이다. 캘리포니아는 대체로 일 년 내내 날씨가 좋아서 하이킹, 사이클링, 말타기, 카야킹, 낚시, 바비큐, 경치 감상 등 다양한 아웃도어 액티비티를 즐길 수 있다. 또한 로드 트립에 적합한 최상의 도로 환경 및 인프라를 갖추고 있을 뿐만 아니라, 광활하고 다양한 자연경관을 볼 수 있다는 점에서도 매력이 넘치는 여행지다.

캠핑은 이런 다양한 여행 체험의 전초기지와 같은 역할을 한다. 놀라운 사실은 최근에 이러한 캠핑 문화가 밀레니얼 세대^{1980~2000년대 생} 사이에서 붐이 라는 점이다. 2014년 이후 밀레니얼 세대 캠핑족은 세 배나 급증했고, 2018년에는 전체 캠핑족의 56%를 차지할 만큼 늘어났다. 그뿐 아니라, 캠핑족의 절반 가까이가 글램핑^{Glamping, 편안하고 호화로운 캠핑}, 밴라이프^{Vanlife, 밴이나 작은 자동차에서 생활하는 것} 및 RV를 활용하는 여행을 선호하고 있다.

• 아웃도어의 파라다이스, 캘리포니아

캘리포니아주는 미국 내 여행객들이 가장 많이 방문하는 주 가운데 하나이며, 매년 방문객이 증가하는 추세이다. 면적은 대한민국의 네 배로 남북으로 길게 뻗은 산지 가운데 평지와 사막이 복잡하게 형성되어 있어 기후도 지형에 따라 차이가 난다. 북부와 중부 지역은 지중해성 기후로 비교적 습도가 높고, 남부와 동부 내륙 지역은 사막 기후로 건조하다. 그러나 대체로 연중 온난해서 여행객들 대부분이 레저관광을 위해 이곳을 방문하며 여행 만족도도 높다. 특히 서부는 해변 지역 특유의 느긋하고 자유분방한 문화가 스며들어 있어 여유로운 레저활동을 하기에 최적의 지역이다. 눈부신 해안 경치를 배경으로 사진을 남기며 쉬거나 서핑을 하고 여러 트레일^{Trail, 산책길}을 걷는 등 서부 해안 코스는 휴식과 활동이 혼합된 다채로운 경험

글램핑

을 하기에 최고가 아닐까 싶다.

특히, 태평양 해안 고속도로는 많은 RV들이 지나다니는 유명한 구간이니 필수 코스로 강력하게 추천한다. 대부분의 여행객들은 해안가를 따라 이 고속도로를 타고 로스앤젤레스에서 빅서와 몬터레이를 거쳐 샌프란시스코를 방문하는 코스로 로드 트립을 할 것이다. 그리고 호텔이나 모텔을 이용하며 캘리포니아의 아름다운 자연을 수박 겉핥기처럼 느꼈을 것이다. 그렇다면, 현지인들이 즐기는 로드 트립은 어떤 여행이며, 어떻게 준비할까?

● 쉽고 편리한 준비 과정

VisitCalifornia.com은 한국관광공사 홈페이지처럼 여행자들을 위한 깨알 정보를 제공한다. 마치 가려운 곳을 긁어주기라도 하듯 로드 트립과 캠핑에 관한 기본적인 동선부터 먹거리, 숙박 및 경유지에 대한 필수 정보가 한눈에 알아보기 쉽게 정리되어 있다.

로드 트립 및 캠핑의 장점은 일반 관광상품과 달리 여행지나 프로그램의 환경에 구애받지 않고 여행자가 원하는 대로 자유롭게 즐길 수 있다는 점이다. 또한 자연에서의 아웃도어를 즐기기 좋아하는 관광객들에게 가장 적합한 여행이기도 하다. 여행자들은 웹사이트에서 제공하는 일정을 참고하여 취향에 따라 캠핑할 장소를 예약할 수 있다. 태평양 해양 고속도로 주변에 수많은 야영지가 있지만, 캠핑족들 사이에서 가장 인기 있는 장소를 꼽자면 칼스배드 남쪽의 해안가나 산타 바버라의 잘러마 해안가에 자리 잡은 야영지, 산과 바다를 모두 품은 빅서의 리메킨 주립 공원, 최고의 해안 경치를 자랑하는 빅서의 커크 크릭 야영지, 샌프란시스코 금문교를 바라보며 야영할 수 있는 커비 코브 야영지 등이다.

유명 야영지 및 공공 캠핑 시설은 1박당 평균 20~30달러(약 2만 2천~3만 3천 원)로 저렴한 만큼 2~6개월 전에 예약해야 한다. 온라인 예약은 국립공원의 경우 Recreation.gov, 캘리포니아 주립공원은 Reservecalifornia.com을

1 에코투어리즘 — 로스앤젤레스

1, 2. 리메킨 주립 공원 3. 커크 크릭 4. 커비 코브

통해 가능하다. 최근에는 이러한 예약 전쟁에서 여행자들을 구원해 줄 예약플랫폼도 생겨났다. Hipcamp.com은 아웃도어의 에어비앤비로서 밀레니얼 세대 캠핑족의 입소문으로 유명해졌는데, 공공 야영지가 아닌 개인 소유지의 야영지 및 글램핑 시설을 원하는 조건에 맞게 검색하고 예약할 수 있도록 만들어졌다. 색다른 환경에서 보다 편리한 시설을 이용할 수 있을 뿐만 아니라 호스트에 따라 프라이빗 투어도 가능하기 때문에 한층 특별한 경험을 할 수 있다는 점이 장점이다. 이 밖에도 여행자 리뷰와 고화질 이미지를 통해 모든 캠핑 장소를 미리 파악할 수 있어 여행을 준비하고 결정하기에 훨씬 수월하다.

- **비용은 얼마나 들까?**

2018년을 기준으로 캠핑족들이 가장 많이 이용한 캠핑 수단은 텐트(59%), RV(24%), 통나무집(16%) 등이고, 대부분 배우자나 자녀들과 함께했다. 이 글에서는 RV에 대해 알아보자.

캠핑의 기본적인 이동 수단에는 자가용, 캠퍼밴, RV 등이 있지만 RV가 가장 전통적인 이동 수단이다. 미국의 RV 산업은 1980년대부터 발전해왔고 향후 2024년까지 호황을 누릴 것으로 보인다. RV가 이동 및 숙박에 있어 경제적이고 합리적이기 때문에 지난 몇 년 사이 25~40세 젊은 층의 RV 구매율이 급증했다. 현재까지 가장 큰 RV 시장은 북미 시장인데, 그중에서도 캘리포니아주는 가장 높은 판매율을 보이는 지역 중 하나다.

RV를 구입하는 것이 힘들다면 렌트하는 방법도 있다. Jucy, Imoova, Excape Camper Van 등 승합차 크기의 캠핑용 밴을 편도로 저렴하게 대여할 수 있는 온라인 플랫폼들이 즐비하니 쉽고 편리하게 로드 트립을 준비할 수 있다. Cruise America, Outdoorsy, ElmonteRV, RVshare 등이 대표적인 RV 대여 사이트이며, 대략 1박당 75~300달러^{약 9만~33만 원}의 비용이 든다. 인원에 따라 RV 종류는 천차만별이지만, 현지에서 가장 인기 있는 RV는 가장 크고 비싼 편인 Class A타입으로 6~8명을 수용하는 버스만 한

크기이다. 서너 명이 여행할 경우, 주행하기 편하고 비교적 저렴하게 대여할 수 있는 Class C타입이나 트레일러 혹은 가장 저렴한 캠퍼밴을 대여하는 것이 합리적이다. 자가용으로 여행하며 일반 숙박 시설에 묵을 경우와 비교했을 때, RV는 전체 경비에서 30~40% 절감할 수 있고 무엇보다 자연과 하나가 될 수 있다는 점에서 일석이조의 캠핑 수단이라고 볼 수 있다.

- **캠핑 강국 대한민국을 꿈꾸며**

요약하면, 미국의 캠핑은 전 연령층이 즐기는 여행 방법이며 텐트와 RV를 많이 이용한다. 미국은 240년 남짓한 짧은 역사에 비하면 이른 171년 전부터 내무부를 설립하여 미합중국의 천연자원과 자연환경을 연구, 조사 및 보호해 왔으며, 국립공원과 주립공원 관리청을 통해 다양한 캠핑 시설과 인프라를 구축해 왔다. 특히 대부분의 야영지에 RV 전용 자리가 있고 오수시설이 잘 갖춰져 있어 RV 여행객들이 크게 불편함을 느끼지 않는다.

하지만 대한민국에서는 국가 예산 등 여러 가지 이유로 미국과 같은 광범위한 야영지 인프라를 구축하는 데 어려운 점이 많다. 최근 '차박' 등 자가용을 이용한 연예인들의 로드 트립 여행이 방송을 통해 큰 인기를 끌면서 많은 사람들의 이목을 끌고 있고, SNS에서는 일반인들의 차박 경험이 심심치 않게 공유된다. 이 같은 추세에 여러 업체들이 관심을 보이는 가운데, 국내 1위 자동차 제조업체인 현대 자동차가 개발한 캠핑카 출시가 임박했다고 한다. 또, 전 세계적으로 북미 시장이 RV 산업의 매출을 이끌고 있지만, 가장 빠른 성장세는 아시아 태평양 시장에서 나타나고 있다.

따라서, 대한민국의 세계적인 제조기술과 세련된 감각을 반영한 국산 캠핑카 및 아웃도어 장비가 소비 시장 확대와 더불어 활성화될 수 있다면, 국내외 여행객들에게는 물론 국내 관광산업 증진에 크게 이바지할 것이다. 다만 차박 성지로 알려진 야영지들이 늘 인산인해라고 하니, 국가적인 차원에서의 수용시설 확대 및 인프라 개선이 시급하다. 또한 캠핑카 개조에 대한 규제 완화에 대해서도 현실적으로 접근해야 한다. 마지막으로 베이비

캠핑카

부머, 밀레니얼 세대, X세대를 망라한 모든 세대가 로드 트립 캠핑에 뜨거운 관심을 갖는 만큼 '일출과 일몰을 하루에', '해안절경 3박 4일 코스' 등 국내 환경의 장점을 살려 캠핑 문화를 선도한다면 언젠가 대한민국도 캠핑의 성지가 되지 않을까 하는 꿈을 가져 본다.

알마티

천상의
낙원을 걷다

트레킹 여행

　1991년에 소련에서 독립한 카자흐스탄 공화국은 한국인들에게는 잘 알려지지 않은 나라이다. 그러나 카자흐스탄은 세계에서 아홉 번째로 넓은 국토를 가지고 있으며, 석유를 비롯하여 석탄, 우라늄 등이 풍부한 자원 부국으로 중앙아시아의 독립국가연합 중에서 가장 큰 경제적 성장을 이루어 낸 국가이다.

　최근 중앙아시아를 찾는 한국인들이 늘고 있는데 대부분 산악관광 및 트레킹을 즐기려는 관광객들이다. 카자흐스탄 방문자들은 대부분 알마티로 입국한다. 알마티는 1997년까지 카자흐스탄의 수도였으며 천산산맥$^{\text{Tian Shan}}$으로 둘러싸여 있다. 현재 수도는 북쪽의 누르술탄이지만, 알마티는 전체 인구의 약 10%인 190만 명이 거주하는 최대 도시이자 경제 중심지이다.

　천산산맥은 중국의 신장 웨이우얼 자치구에서 시작되어 카자흐스탄, 키르기스스탄, 우즈베키스탄 4개국을 걸치며 동서로 2,500km, 남북 너비로는 250km에 이르고, 고도가 6,995m인 거대한 산맥이다. 한텡그리봉 등 알마티 주변에도 4,000m급 고봉이 많아 고산 등산에 천혜의 조건을 갖췄다. 또한 중국 시안에서 시작한 실크로드 천산 북로의 주요 기착지이기도 하다. 당연히 다양한 트레킹 코스가 있는데, 난이도에 따라 고산 훈련 및

천산산맥

숙련된 산행을 필요로 하는 코스도 있다. 코로나19로 인해 여행지를 선정하기가 힘든 요즘, 한적한 자연 속에서 트레킹 할 수 있는 명소를 소개하고자 한다.

● 천국이나 다름없는 절경

침블락봉 Shymbulak Peak 은 해발 3,428m로 알마티 도심에 위치한 침블락 스키장 리조트 입구에서 리프트로 3단계에 오르면 해발 3,200m의 달가르 패스에 이른다. 침블락에 오르는 것만으로도 마치 유럽에 와 있는 듯한 착각에 빠질 만큼 멋진 설산을 볼 수 있다. 침블락 봉우리를 오르다 보면 좌측으로는 알마티 도시 풍경을, 우측으로는 만년설을 이고 있는 달가르봉을 볼 수 있다. 해발 4,995m의 달가르봉을 중심으로 만년 빙벽을 갖춘 누르술탄봉까지 풍경 그 자체가 바로 천국이다.

또한 산행 중에 볼 수 있는 온갖 야생화가 여행자들을 반긴다. 바위가 많아 발을 디딜 때마다 각별히 신경 써야 하지만 여러 생태계의 모습이 흥미롭다. 바위산이어서 숲은 없지만 불어오는 바람과 서늘한 날씨 덕분에 시원하게 산행할 수 있다. 하산은 반대 방향으로 할 수도 있고 좀더 훈련이 된 팀이라면 정상에서 약 3시간 정도 소요되는 해발 3,027m의 후르마노프봉 Furmanov Peak 을 거쳐 2011년 동계 아시안게임 개최지인 메데우 경기장 근처로 하산할 수도 있다. 경관이 아주 일품이지만 이곳은 해발 3,000m가 넘고 능선이 길고 험해 꼭 전문 가이드를 동반해야 한다.

침블락봉 근처에 믄즐키 기상관측소가 있다. 침블락 스키장의 리프트를 타고 1단계에서 내려 우측의 포장도로로 약 2km 가면 등산로 입구가 나온다. 입구 지점의 고도가 해발 2,350m이며, 이곳에서 임도 林道, 산림관리용 도로 를 따라 850m를 더 오른다. 우측으로는 만년설이 녹은 계곡물이 힘차게 흘러 청량감을 더하고 중간에 샘이 있으며, 고도가 높아 숲이 없어도 언제나 시원한 편이다. 좌측의 엄청난 암벽은 암벽 등반 훈련장이며 이곳에서 야영도 가능하다. 키 작고 짙은 색의 야생화 사이를 지나다니는 야크도 볼

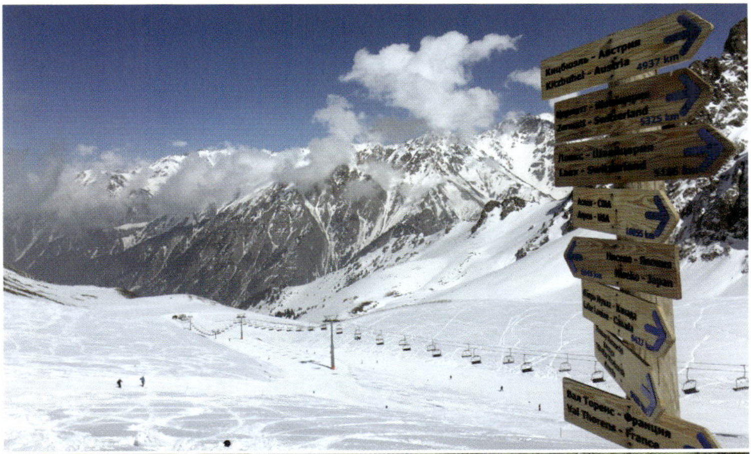
Кицбюэль - Австрия
Kitzbühel - Austria
4937 km
Zermatt - Switzerland
5325 km
Aspen - USA
Niseko - Japan
Вал Торенс - Франция
Val Thorens - France

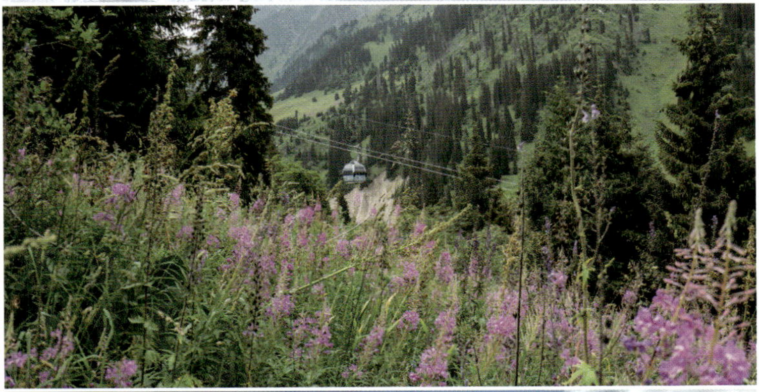

침블락봉 및 리조트

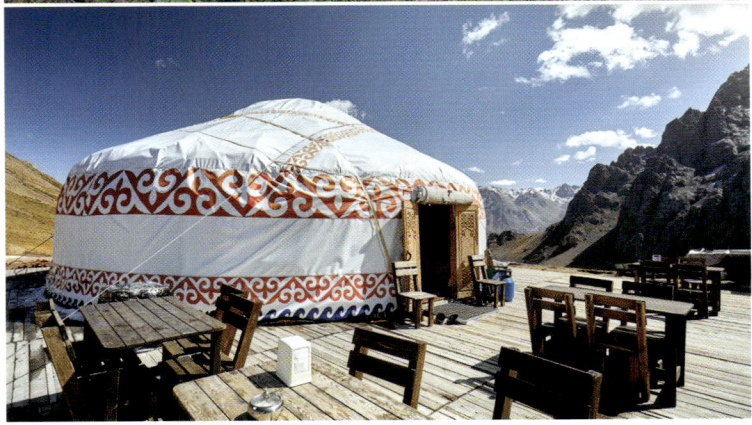

1 에코투어리즘 —— 알마티

1. 콕 자일라우봉 2. 자작나무 자생지

수 있고 해발 3,200m의 민쿌키 기상관측소 인근에서는 댐도 볼 수 있다.

일반인들의 기준으로 오를 때 두 시간 반 하산 때에는 한 시간 반 정도 걸리는데 조금 욕심을 부린다면 해발 3,600m에 위치한 고산 등반의 베이스캠프 격인 대피소까지 더 올랐다가 하산할 수도 있다. 그러나 민쿌키 너머의 길이 경사가 심하고 험해 기상관측소에서 하산을 권한다.

- **알마티 시민들에게 사랑받는 산**

알마티 메데우를 오르다가 우측에 있는 약수터에서 우회전해서 몇 채의 자연부락을 지나면 해발 2,500m의 콕 자일라우봉^{Kok Zhaylau Peak} 등반을 시작할 수 있다. 초반의 넓은 자작나무 자생지를 지나면 급경사 지역이다. 그러나 조금만 더 오르면 좌측으로는 천산산맥이, 우측으로는 알마티시 전경이 보이면서 가슴 벅차고 시원하며 유쾌한 산행을 할 수 있다. 이곳은 알마티 시민들이 자주 찾는 곳이고, 자전거를 타고 넘어오는 지역이기도 하다. 하지만 급경사로 아주 힘들기 때문에 반대편 알마라산 쪽에서 오르는 길을 추천한다. 알마라산 국립공원 입구에서 쿰벨 호텔로 접어들면 완만한 산길이라 차분히 산행할 수 있다. 반환지인 콕 자일라우는 일반인들도 다니기 편한데, 좀더 위에 있는 삼형제봉^{Three Brother Peak}을 지나 해발 3,184m의 쿰벨봉^{Kumbel Peak}까지 간다면 제대로 된 산행을 했다고 할 수 있다. 산 입구 외에는 물이 없지만, 소나무 등 숲이 우거져있어 그늘길이 많다는 장점이 있다.

알마라산 쪽으로 하산한다면 산 입구까지 즐비한 유명한 야외 전원풍 음식점에서 푸짐하고 다양한 즉석 꼬치구이를 맛볼 것을 강력하게 추천한다. 식후에는 대통령 공원을 거닐며 눈 덮힌 천산을 즐기고 저녁노을이 물드는 알마티 석양을 즐길 수도 있는 일석이조의 기회를 누릴 수 있다.

- **고산 호수를 품은 아름답고 환상적인 산**

해발 3,638m의 빅 알마티봉^{Big Almaty Peak}은 침블락봉과 함께 사람들이

1 에코투어리즘 —— 알마티

1. 쿰벨봉 2. 대통령 공원 3. 샤슬릭(꼬치구이)

자주 찾는 곳이다. 다양한 수종과 멋진 풍광을 자랑하는 알마라산 국립공원, 만년설의 눈이 녹아 형성된 해발 2,700m의 호수인 쪽빛 빅 알마티 호수, 설산과 엄청난 키를 자랑하는 전나무 숲길을 가르는 환상적인 도로 등 어느 것 하나 모자람이 없는 천상의 풍경이라 할 만하다. 호수도 멋지지만, 국경 경비대, 옛 소련 시절의 천문대를 지나 인간이 만들기 불가능할 듯한 수많은 구비 길을 통해 오르는 해발 3,200m의 코스모역까지의 길은 아주 다채롭고 아름다운 산행길이다. 이곳에 주차하고 코스모역을 통과한 후 좌측으로 진입해 약 450m를 걸어 오른다. 고산이기에 훈련되어 있지 않으면 몹시 힘들 수 있고 특히 바위산이라 늘 조심해야 한다. 볼거리가 풍부하고 아름다운 초입을 지나면 키르기스스탄 쪽 연봉이 저 멀리 보인다. 정상에 가까워지면서 눈에 들어오는 알마티 풍경, 그리고 투육수 쪽의 빙하만 보더라도 가슴이 터질 듯한 쾌감이 생긴다. 하산할 때 입구에서 차를 타지 말고 좀 더 걸어서 내려온다면 멋지고 환상적인 풍경을 눈에 담을 수 있다.

이곳에는 고산 숙박을 할 수 있는 산장이 있고 허가를 받으면 야영도 가능하다. 하지만 키르기스스탄과 접경지대이고 국경 경비대가 주둔하고 있는 만큼 늘 허가 지역만 다니기를 권한다. 코스모역에서 좌측으로 가면 해발 3,918m인 투리스토프봉^{Turistov Peak}도 오를 수 있다. 이곳은 최근에 한국인들이 알파인 스키를 즐기는 장소로도 유명하다.

- **천상의 낙원인 듯한 평화로운 고원**

알마티에서 약 80km 떨어진 투루겐 계곡^{Turgen Gorge}의 최상위에 해발 2,700m인 아씨 고원^{Assy Plateau}이 있다. 이곳에 가려면 일리 알라타우 국립공원을 지나 투루겐 계곡을 거쳐 40여 km 산행을 해야 한다. 차량이 다닐 만한 완만한 임도가 있으나 도로 사정이 좋지 않으므로 꼭 사륜구동차를 타야 한다. 대개는 투루겐 계곡을 거쳐 서둘러 올랐다가 차량으로 돌아가는 코스를 선택한다. 하루 일정의 트레킹을 원한다면 알마티에서 이식 호수를 거쳐 고분 박물관에 들러 카자흐스탄 문화와 역사도 살피고 투루겐 계곡의 무지개 송어 양식장의 호텔에 숙소를 잡는 코스도 좋다. 호텔에서 너무 멀고 길이 단조로워서 차량이 필요한 경우, 차량 이동과 트레킹을 함께하기를 권한다. 대개는 고원이 펼쳐지는 해발 2,500m 지점부터 걸어서 오르고 2,700m 지점의 천문대를 지나 좌측 계곡으로 하산한다. 이때 차량은 미리 내려와서 2,500m 지점에서 조우해서 다시 타고 내려오는 것이 효율적인 일정이다.

무척이나 다양한 야생화와 특히나 많은 에델바이스 그리고 수많은 가축들, 목가적인 경치, 어쩌면 이곳이 천상의 화원이고 낙원이 아닐까 하는 생각이 드는 곳이 바로 아씨 고원이다. 원한다면 고원을 가로질러 며칠씩 주변의 낮은 봉우리들을 트레킹할 수도 있다. 이곳은 산악회의 전지훈련 장소로도 유명하며, 근처 소도시에는 스포츠팀 여름 훈련 캠프들이 있고, 그 주변으로 야영객들도 있다. 정상 근처의 천문대에서는 숨 막힐 듯한 아름다움을 느낄 수 있는 밤하늘을 볼 수 있다. 근처에 투루겐 폭포 1, 2와 이식 호수$^{\text{Issyk Lake}}$가 있어 차분히 둘러보려면 며칠이 필요하다. 이외에도 우리에게 잘 알려진 차른 계곡$^{\text{Charyn Canyon}}$, 키르키스스탄과 국경 지대에 있는 콜싸이 호수$^{\text{Kolsai Lake}}$, 너무 멀어 자주 가지는 못하지만 큰 매력이 있는 알튼에멜 국립공원$^{\text{Altyn Emel National Park}}$, 알마티 인근의 우쉬 코느르 공원$^{\text{Ush-Konyr Park}}$ 트레킹도 아주 멋지다.

- **우리나라의 아름다운 산악지대**

코로나19로 관광 분야에서도 '비접촉'이 새로운 트렌드로 자리 잡고 있다. 한국에서도 사람들로 붐비는 관광지보다는 가족, 친구, 연인 등 소수의 인원으로 한적한 곳에서 자연을 즐길 수 있는 산행 또는 캠핑 여행이 인기를 얻고 있다. 한국에는 카자흐스탄과 같이 일 년 내내 만년설을 보며 트레킹을 즐길 수 있는 고산 준봉들이 즐비한 천산산맥과 같은 산맥은 없지만, 국토의 70%가 산악 지대인 만큼 우리나라 고유의 아름다운 자연경관을 느낄 수 있는 트레킹 길과 야영지를 개발할 가능성이 충분하다. 물론 이때

1. 아씨 고원   2. 빅 알마티 호수   3. 빅 알마티 호수 근처 야경

콜싸이 호수

1 에코투어리즘 — 알마티

1. 챠른 계곡 2. 알튼 에멜 국립공원 3. 우쉬 코느르 공원

개발의 방향은 자연을 파괴하는 인공적인 개발이 아닌, 자연보전을 염두에 둔 지속 가능한 개발이 되어야 한다.

2

자연과 관광의 콜라보

블라디보스톡

오사카

빙하, 툰드라, 거대 산맥, 폭포수, 침엽수림…….
이 특별하고 웅대한 자연을 온몸으로 느끼면서
그 지역의 특산물을 맛보며
경이로운 자연을 만끽하는 여행.

자연과 인류의 지속적인 공존을
더욱 꿈꾸게 만드는 소중한 체험이 될 것이다.

블라디보스톡

태초의 땅에서 느끼는 자연의 신비

화산 트레킹과 익스트림 스포츠

　전 세계적으로 수많은 자연 지역들이 관광지로 개발되어왔다. 가까운 곳이든 도심에서 멀리 떨어진 오지든 명소로 이름난 곳들은 이미 수많은 관광객들이 다녀갔기에 있는 그대로의 모습이라고 볼 수 없다. 하지만 러시아에는 굉장히 독특하고 광활한 자연이 잘 보존된 지역이 무척 많다. 특히 세계적으로 손꼽히는 자연경관을 자랑하며 러시아 내에서도 두 번째로 국립공원이 많은 지역인 캄차트카의 자연은 다른 곳에서는 볼 수 없는 만큼 특별함이 있다. 빙하, 툰드라와 타이가, 거대한 산맥 등 원시 생태계 그 자체인 캄차트카의 자연속에서 가슴이 벅차오르는 경험을 할 수 있다.

● **지구 그 자체인 캄차트카의 자연**
　캄차트카는 유라시아 대륙의 동쪽 끝인 러시아 북동부에 위치한 반도로 면적이 대한민국의 약 5배 정도이다. 태평양, 오호츠크해, 베린고보해로 둘러싸여 있으며, 짧은 봄과 여름을 지나 8월이면 이미 가을이 시작된다. 또 캄차트카는 슘나야 강과 간예사나야 강의 교차로에 위치하여 세계에서 두 번째로 큰 간헐천이 있다. 이렇게 독특한 자연환경에 따라 다른 곳에서 보기 힘든 자연과 동물들이 존재하기 때문에 총 면적 중 약 15%를 보호구역으로 지정했다. 또한 코노로츠키 생물 자연보호구역, 비스트린스키 자연

2 자연과 관광의 콜라보 —— 블라디보스톡

1. 캄차트카 화산 야경 2. 고렐르이 화산 3. 화산

아름다운 원시생태계 캄차트카

공원, 날류체보 자연공원, 남서 툰드라 자연보호 구역, 남부 캄차트카 자연공원 자연보호구역, 클루체프스코이 자연공원 등 여섯 지역이 유네스코 세계자연유산으로 지정되어 있다.

무엇보다 캄차트카는 화산으로 유명하다. 1996년 세계자연유산으로 지정된 캄차트카 화산군 Volcanoes of Kamchatka 은 종류가 다양하고 화산이 광범위하게 걸쳐 있어 세계에서 가장 특별한 화산 지역이다. 캄차트카에는 300여 개의 화산이 있으며 그중 약 28~36개가 활화산이라고 한다. 클류체프스카야, 크로노츠카야, 이신스카야, 아바친스카야, 코야크스카야, 카림스카야 소프카 Sopka, 화산가 가장 유명한데, 그중 꼭 봐야 할 세 개의 화산을 꼽자면 클류체프스카야와 코야크스카야, 크로노츠카야이다.

클류체프스카야 화산은 약 7천 년 된 비교적 어린 화산이지만 높이 4,850m로 유라시아 대륙에서 가장 높은 화산이며 매년 더 높아지고 있다. 주변이 자연보호구역인 높이 3,527m의 크로노츠카야 화산은 화산 지역이 가장 넓고 유라시아 대륙 유일의 간헐천 계곡이 있어서 인기가 많다. 또한 화산체 모양이 빼어나 좋은 관광자원으로 평가 받고 있다. 높이 3,456m의 코야크스카야 화산은 전 세계 16개의 특정 요주의 화산 중 하나라고 한다.

1975년 톨바치크 화산이 1년 반 동안 계속 분출하여 인근 수 킬로미터까지 화산재로 뒤덮여서 생긴 '죽은숲'은 어느 나라에서도 볼 수 없는 곳이다. 여전히 두께 7m의 재로 덮여 있어 아직까지 아무것도 자라지 않으며, 아래에서 올라오는 용암의 뜨거운 열기를 간접적으로 느낄 수 있다고 한다. 이름에서 느껴지듯이 마치 다른 세상을 걷는 듯한 혹은 다른 행성에 온 듯한 독특하고 생경한 경험을 할 수 있다. 특히 토양의 96%가 달 표면과 일치하기 때문에 1969년에 달 탐사선이 이곳에서 시험 가동되었다.

- **겨울 스포츠의 천국**

프리라이드 스노우보드와 스키야말로 캄차트카를 찾는 관광의 진정

2 자연과 관광의 콜라보 —— 블라디보스톡

1, 2. 캄차트카 화산 트레킹 3. 죽은숲에서 텐트 야영 4. 죽은숲

죽은숲

한 목적이라고 생각하는 사람들도 있다. 헬리스키나 헬리보드는 헬리콥터를 타고 산꼭대기로 가서 스키나 보드를 타고 내려오는 익스트림 스포츠로 비용이 많이 들지만 감수할 만한 가치가 있다. 유럽에 비하면 캄차트카의 헬리보드 비용이 훨씬 저렴한 편이니 꼭 시도해보길 권한다. 평균 경로는 6km, 평균 수직 낙하는 1,500m이며, 12~3월까지 현지의 여러 산에서 이용할 수 있다. 헬리콥터 비용은 비행시간 당 헬리콥터 유형에 따라 500~1,800달러^{약 55만~196만 원}이다. 엄청난 아드레날린을 느끼는 익스트림 스포츠에 관심이 많은 전 세계 라이더들에게 캄차트카는 최고의 성지나 다름없다.

이런 자연을 만끽하고 경험하기 위해 많은 관광상품들이 기획되고 있다. 겨울은 매우 춥고 폭설이 일상적이기 때문에 주로 여름 전후가 적당하다. 대부분의 주요 관광지가 멀리 떨어져 있어서 최소 7일 이상의 기간이 필요하고 오프로드 코스도 꽤 많다. 또한 야생동물을 볼 수 있는 코스의 경우 최소 사흘 이상 캠핑해야 하는데, 텐트와 장비는 일반적으로 단체관광상품에서 제공된다.

관광상품의 가격은 전문 투어 가이드와의 동반 여부, 숙소의 종류, 방문지 개수 등에 따라 대략 1,000~8,000달러^{약 109만~870만 원}로 크게 차이난다. 예를 들어, 10일간의 '클래식 캄차트카' 투어 상품은 식사, 숙박^{호텔 5박, 캠프 5박}, 전문 가이드, 보험까지 포함해 약 1,500달러^{약 163만 원}의 비용이 든다. '당신의 캄차트카'라는 투어는 7일 동안 혼자 일정을 관리하고 방문지를 선택할 수 있으며 운송, 장비, 보험, 식사 등이 제공되는데 약 3,000달러^{약 326만 원}의 비용이 든다.

8일간의 헬리스키 투어는 5,000달러^{약 543만 원} 이상 들지만 장소, 숙박^{호텔 4일, 게스트하우스 4일}, 식사, 전문 가이드 및 사진작가도 포함되어 있다. 헬리콥터 여행, 겨울 서핑 등 다른 목적지를 추가하면 그만큼 비용을 더 지불해야 한다. 다만, 여행상품 관련 정보를 수집하기 어렵고 항공권은 늘 비싸며 빨리 매진될 수 있으므로, 꼭 사전에 계획해야 한다. 이렇게 캄차트카에서는 다

자연과 관광의 콜라보 —— 블라디보스톡

1. 헬리스키 2. 헬리보딩 3. 설산을 가로지르는 헬리콥터

른 곳에서는 하지 못할 특별한 경험을 할 수 있기 때문에 많은 관광객들이 큰 비용을 지불하고라도 꾸준히 모여들고 있다.

- **한국에서도 가능한 자연관광과 스포츠 투어**

캄차트카 자연관광의 성공을 한국에 어떻게 적용할 수 있을까? 바로 자연관광과 익스트림 스포츠를 결합한 투어를 기획해볼 만하다. 사람들이 죽기 전에 해보고 싶은 일을 기록하는 버킷리스트에 자주 들어가는 것이 익스트림 스포츠다. 우리나라는 산악 지형이 많은 데다 도로 사정이 좋아서 익스트림 스포츠를 개발하기에 좋은 조건을 갖추고 있는 셈이다. 이미 몇몇 지역에서 패러글라이딩이나 수상스키 등을 주요 관광지나 테마파크와 결합한 상품을 선보이고 있기도 하다. 아직은 국내의 저변을 확대하기 위한 마케팅을 하고 있지만, 전 세계 개별 관광객을 대상으로 언어 지원, 쉬운 예약 방법 마련, 다양한 할인 프로모션 등 적극적인 마케팅을 한다면 큰 성공을 거둘 수 있을 것이다. 나아가 전 연령층이 즐길 수 있도록 짚라인이나 고산지대 바이크 등 익스트림 스포츠의 종류를 다양하게 확대한다면 가족, 학교, 회사 단위의 관광객들에게 매력적인 여행이 될 것으로 보인다.

오사카

온몸으로 느끼는 대자연 여행

온천 가스트로노미 워킹

  2016년 일본에서 개봉된 신카이 마코토 감독의 애니메이션 영화 「너의 이름은」은 한국에서도 큰 인기를 끌었다. 이 영화의 관람객 평점은 무려 9.01점을 달성하며 신카이 마코토 감독 신드롬까지 일으켰다. 자연스레 수많은 영화 애호가들이 배경이 된 '히다'飛彈 시로 성지순례를 가는 붐도 생겼다. 시에서는 발 빠르게 영화를 연계한 관광 프로모션을 추진하여 영화의 배경이 된 장소를 중심으로 한 순례코스를 만들고, 영화 속 주인공이 둘러보았던 JR 히다 후루카와역을 비롯해 식당, 신사, 버스정류장, 도서관 등을 소개했다.

  히다시는 사실 단일 도시보다는 '히다다카야마'飛彈高山 지방으로 묶여서 불린다. 일본열도의 중앙에 위치한 기후현의 북쪽에 해당하는 지역을 통틀어 일컫는 말로 히다시 외에도 다카야마시, 게로시, 시라카와 마을로 구성되어 있다. 한국에서는 주로 영화 촬영지로 알려진 이곳은 원래 3,000m급의 명산, 풍부한 자연과 일본 굴지의 온천 등을 자랑하며 일본의 옛 풍경을 간직한 대표적인 인기 관광지이다. 또한 1995년에 시라카와 마을의 갓쇼즈쿠리合掌모양의 지붕을 한 전통가옥가 유네스코 세계문화유산에 등록되었으며, 에도시대의 분위기를 느낄 수 있는 옛 거리와 전통문화가 곳곳에 남아 있어 연중 많은 관광객이 히다다카야마 지방을 찾는다.

애니메이션 「너의 이름은」의 배경지 히다시

시라카와 마을 야경

최근 이 지방 중 다카야마시의 '오쿠히다'^{奥飛弾}라는 작은 온천마을에서 지역 특유의 매력을 살려 일본 내에서도 주목받고 있는 '온천 가스트로노미 워킹'을 소개하고자 한다.

● 온천 가스트로노미 워킹이란?

원래 '가스트로노미'^{Gastronomy}는 '미식학', '어느 특정 지역의 요리법'을 뜻한다. 유럽에서 주로 이뤄졌던 '가스트로노미 워킹'^{Gastronomy Walking}이라는 개념에 일본 특유의 문화인 '온천'을 더한 것이 '온천 가스트로노미 워킹'이다. 이를 통해 그 지역의 음식을 즐기고, 워킹을 통해 역사와 문화, 자연경관을 심도 있게 체험할 수 있다. 도쿄의 ANA종합연구소 등에서는 2016년 일찍이 일반사단법인 '온천 가스트로노미 관광 추진기구'를 설립하고, 주요한 온천 자원을 체류형·체험형 관광거점으로 활용해 지역 활성화에 이바지할 수 있도록 힘써왔다.

기후현에서는 2008년부터 일본-프랑스 교류 150주년을 기념해 여러 교류 프로그램을 추진해 오던 중 알자스 지방의 가스트로노미 워킹 사업을 벤치마킹하고자 했다. 마침, 히다 지방의 중심지인 다카야마 시내에서 차로 약 1시간 정도 소요되는 호타카산맥에 위치한 오쿠히다 온천마을이 적격지로 선정되었다. 히라유, 후쿠치, 신히라유, 도치오, 신호타카라는 5개 구역으로 나뉘어 서로 다른 분위기를 자랑하는 이 마을의 온천 용출량은 오이타현의 벳푸, 유후인에 이어 일본 내 3위를 자랑한다. 온천수가 풍부한 이점을 살려 노천탕도 일본 내에서 가장 많은 100개 이상을 보유하고 있다.

이러한 점을 충분히 활용하여 다카야마시에서는 사단법인 '오쿠히다 온천마을 관광협회' 등과 함께 사업 실행위원회를 출범하여 2018년부터 '온천 가스트로노미 워킹' 사업을 추진해 오고 있다.

2 자연과 관광의 콜라보 —— 오사카

1. 히다다카야마 옛 거리   2. 오쿠히다 온천

- **체험거리를 늘리면 고객의 만족도가 높아진다**

　'온천 가스트로노미 워킹 in 오쿠히다'는 2018년 5월과 2019년 6월에 두 차례 개최되었다. 아무래도 첫 행사인지라 인지도가 낮을 수밖에 없었기에 다카야마시가 주축이 되어 지역 주민의 참여를 독려했다. 마을의 숙박업소와 식당 등 지역상권은 내키지 않는 마음으로 참가하는 분위기였다. 하지만 결과는 대반전이었다. 일본 국민들에게도 인기 있는 온천 관광지이기에 행사 정원인 300명을 넘은 550명이 신청하여 첫 회부터 좋은 반응을 얻었다.

　참가자들은 약 2시간 반 동안 약 8km의 코스를 따라 커다란 폭포수와 나무가 우거진 숲길을 걸으며 오쿠히다의 자연을 만끽했다. 또한 걷다가 지친 참가자를 위해 된장, 술, 과일 등 특산물을 활용한 시식 부스가 중간중간 마련되어 그야말로 웅대한 자연과 맛있는 음식을 즐기는 호화를 누렸다.

　단순히 온천에 몸을 담그고 숙소에서 시간을 보내는 것에서 벗어나, 현지 주민의 설명을 들으며 지역 곳곳을 둘러보고 맛있는 음식까지 먹으며 히다 지역의 매력에 빠진 참가자들은 크게 만족했고, 자연스레 지역 특산품 구매까지 이어져 지역상권 또한 함박웃음을 짓게 되었다. 이러한 성과를 인정받아 2019년 2월, 온천 가스트로노미 워킹 추진기구가 주최한 온천 가스트로노미 전국 그랑프리 심사에서 오쿠히다 온천마을이 21개 지자체를 제치고 개최 1회차 만에 대상을 거머쥐었다. 지역의 매력이 돋보이는 테마가 다양하고 내용이 우수했으며, 다른 개최지보다 참가자가 많은 데다 기후현의 교류 우호도시인 프랑스 알자스의 대표단을 초청하는 등 해외에 일본의 온천관광콘텐츠를 홍보했다는 점이 좋게 평가 받았다.

　2019년 6월에 개최된 제2회 이벤트는 '오쿠히다 온천마을 관광협회'의 주도로, 본격적인 지역 주민의 참여가 시작되었다. 참가 접수 개시 1개월 만에 신청 정원이 꽉 찼지만, 체험의 질을 고려해 추가 접수 없이 정원에 맞추어 진행하여 총 292명이 참가했다. 이번에는 자연경관뿐만 아니라, 지역

민속관을 코스에 포함시켜 오쿠히다 지역의 문화를 소개하는 시간을 갖기도 했다. 참가자는 주로 가족단위가 많았으며, 연령대 또한 10대에서 70대까지 다양했다. 다른 현 참가자도 작년에 비해 16%가 증가한 54%로, 행사가 전국적으로 알려졌다고 볼 수 있다.

이번에 크게 주목받은 것은 전년도보다 더 다양해진 '지역 미식거리'였다. 워킹 코스 중 총 7개 포인트에 가스트로노미 부스를 설치하여 지역 특산물로 만들어진 음식을 시식할 수 있었다. 꼬치에 꽂은 경단을 구워 달짝지근한 간장 소스를 바른 미타라시 당고, 다카야마산 사과 주스, 토종닭 오쿠히다샤모 스프, 산나물 조림과 같은 전통 메뉴 외에도 히다 지방의 소울푸드인 츠케모노를 달걀 샌드위치 안에 넣거나 산초 초콜릿 케이크처럼 새롭게 변형한 메뉴들을 선보였다. 일본 3대 소고기로 꼽히는 히다규 꼬치구이와 깨끗한 물과 쌀로 빚은 술도 호평을 받았다.

참가자 설문조사에서 95%가 '매우 만족'과 '만족'으로 응답했다. '자연과 온천, 지역 음식을 만끽하며 즐길 수 있었다.', '히다 지방의 새로운 매력을 발견할 수 있었다.' 등 긍정적인 반응이 대부분이었다. 이벤트에 대해 오쿠히다 온천마을 관광협회의 고세 이사장은 "지금까지의 온천 관광지에서는 숙박을 중심으로 정적인 시간을 보내는 느낌이었다면, 온천 가스트로노미 워킹 이벤트는 대자연 속에서 그 지역의 분위기를 체험하며 피부로 충분히 느껴가는 것"이라고 말했다.

● **눈에 보이는 지역 경제 활성화**

오쿠히다 온천마을 관광협회에서는 온천 가스트로노미 워킹 이벤트의 경제효과를 우려하는 의견도 있었다. 실제로 행사 진행 보고서를 보면, 예상 경비 299만 엔^{약 3천2백만 원}에 비해 입장료 충당수익이 105만 엔^{약 1천1백만 원}으로 예측되어 경비가 부족할 것으로 예상했음을 알 수 있었다. 참고로 1인 참가비가 성인 3,500엔^{약 3만 7천 원}, 초등학생 2,500엔^{약 2만 7천 원}이다. 그렇다 보니 관광협회가 40만 엔^{약 417만 원}, 다카야마시가 30만 엔^{약 313만 원}, 다카야마시

2 자연과 관광의 콜라보 —— 오사카

1. 다카야마 상점 거리 2, 3, 5, 6. 지역 미식거리 4. 다카야마 상점에서 음식을 사는 사람 (사진 제공 : Walk Japan)

관광연락협의회가 89만 엔약 927만 원, 기후현에서도 35만 엔약 365만 원을 십시일반으로 지원했다.

관광협회의 오우기다 상무이사는 인터뷰에서 "협회로서 경제적인 부분도 신경 쓰이는 것이 당연했지만, 비용에 대한 것보다는 우선 오쿠히다를 알리고 관광객의 방문 계기를 만드는 것이 먼저라고 생각했다. 따라서 지자체의 행정·재정적 지원이 매우 감사했으며, 운영에 꼭 필요한 부분에 쓸 수 있었다"고 밝혔다. 고세 이사장도 "오쿠히다 지역은 스폰서로 나설 만한 기업이 적고 작은 숙소들이 모인 곳이지만, 지역의 단결력은 여느 곳 못지않기에 추진하는 것이 가능했다"라고 덧붙였다.

지역과 관광협회의 이런 고민을 받아들여, 제2회 이벤트부터는 단순 참가보다 지역 경제 활성화까지 흐름이 이어질 수 있도록 하는 데 힘을 쏟았다. 웹사이트에서 참가 신청 접수만 받는 다른 지자체와 달리, 오쿠히다의 숙소 예약까지 가능한 숙박 신청 사이트를 새로 개설하여 참가 모집 사이트와 연동시킨 것이다.

덕분에 제1회 참가자 숙박률이 40%였던 것이 제2회에는 55%까지 오르게 되었다. 2020년 개최 예정이던 제3회에서는 숙박률 60%를 넘기는 것이 목표였다고 한다. 또한 행사 시기가 상대적으로 비수기인 5월 말~6월에 걸친 까닭에, 참가자의 숙박 유도를 통해 지역에 안정적인 경제효과를 가져온 것도 유효하게 작용한 것으로 협회는 분석하고 있다. 이러한 지역 경제 활성화를 위한 노력과 민관의 적극적인 협력에 대한 부분을 인정받아 2020년 2월, 온천 가스트로노미 전국 그랑프리에서 '우수상'을 수상했다.

고세 이사장은 이 사업을 통해 "지역 주민이 하나가 되어 스스로가 오쿠히다의 매력을 재발견하는 기회가 된 것 같아 기쁘다."라고 했다. 협회 회원 대부분이 숙소를 직접 운영하기에 그동안은 지역 발전을 위해 대화할 기회는 커녕 다른 숙소나 식당에 가는 일도 거의 없었다고 한다. 그러나 준비를 위해 지역 주민 스스로가 지역의 매력을 연구하고, 자신을 되돌아보는 시간을 가졌다. 지역 특산품 신메뉴 개발을 위해 모였던 품평회에서 오쿠히다의 쌀 브랜드가 일본 내 1위를 차지했다는 것, 지역의 전통음식을 한층 다양한 방법으로 조리할 수 있다는 것 등 새로운 정보 제공뿐만 아니라 지역에 대한 자부심 함양 등의 돈과 바꿀 수 없는 가치를 느꼈다고 평가했다.

원래 제3회 이벤트는 2020년 6월에 개최될 예정이었다. 코로나19 확산 방지를 위해 이벤트는 취소되었지만, 매년 오쿠히다 온천마을의 5개 온천구역에서 번갈아 개최될 예정이다. 앞으로도 지역 내 융합과 경쟁을 통해 새로운 매력이 발산될 오쿠히다 온천마을의 발전이 기대된다.

• 정석대로 각자의 자리에서 최선을

2020년 3월 일본관광청이 발표한 방일 외국인 소비자 동향 조사에서는 '일본 방문시 가장 기대한 것은 무엇인가?', '재방문할 때 하고 싶은 것은 무엇인가?'라는 질문에 대한 답변 1~5위가 모두 일본 음식과 술 즐기기, 온천여관 숙박 체험, 자연·경승지 관광 순으로 동일했다.

다카야마시의 구니시마 미치히로^{國島 芳明} 시장은 이를 언급하며, "히다 다카야마 지방이야말로 외국인이 일본을 느낄 수 있는 가장 적합한 장소로, 온천·미식·건강 등의 모든 요소가 갖춰져 온천 가스트로노미 워킹 개최지로 적격이다."라며 앞으로의 관광객 유치에도 의욕을 보였다.

실제로 다카야마시의 작년 관광객 수는 473만 명, 그중 외국인 관광객은 전년대비 10.9% 증가한 약 61만 명으로, 국내외 통틀어 사상 최고치를 기록했다. 늘어나는 외국인 관광객 수용을 위해 시에서는 2020년 4월, 「다카야마시 해외전략」을 수립하여 관광지도나 팸플렛 등의 자료에 각종 외국어 표기를 명기하고, SNS를 활용하여 실시간 관광정보를 올리기로 했다. 이외에도 시장이 직접 선두에 서서 지역 특산품의 판매 촉진 및 외국인이 참여 가능한 각종 이벤트 개최, 관광 루트 개발, 지역 특산품 해외 진출 등을 위해 차근차근 노력해 갈 계획이다.

한국의 경우를 살펴보자. 작년 12월 한국관광공사에서 발표한 방한 관광 시장 분석에 따르면, 2018년 기준 일본인이 한국 방문을 고려하는 요인으로 음식·미식 탐방(69.4%), 쇼핑(68.5%), 자연풍경 감상(17.0%)순이었으며, 한국 관광 의향이 없는 가장 큰 이유로는 '관광명소가 별로 없어서'(36.6%), '체험활동이 별로 없어서'(29.3%) 등으로 나타났다. 물론 일본의 젊은 층이 대다수이고 수도권으로 몰리는 경향이라서 우리로서는 아쉬움이 크다.

    코로나19로 인해 우리 사회는 완전히 바뀌고 있다. 여행도 마찬가지로 북적거리는 대도시보다는 지친 심신을 달래고 사회적 거리두기를 실천할 수 있는 지방 도시 여행이 더욱 각광 받게 될 것이다. 이미 국내에는 외국인도 참여할 수 있는 많은 '워킹' 이벤트가 있으나 주로 서울 위주이고 각 지역의 특색을 살리고 지역 경제 활성화를 도모하며 진행되는 '워킹' 이벤트는 적다. 향후 해외여행이 재개될 경우, 한국은 일본과 지리적으로 가까운 만큼 이러한 여행 트렌드에 바로 대응할 수 있도록 준비가 필요하다. 참고로 공익재단법인 일본교통공사가 2020년 6월에 발표한 코로나19 종식 후 여행 동향조사에서는 '상황이 안정되면 여행을 떠나고 싶다'라는 항목에 대해서 66.1%가 '그렇다'고 답했다.

    고객이 무엇을 필요로 하는지, 지역 주민은 관광객 수용을 통해 무엇을 바라는지 우리는 다카야마시의 온천 가스트로노미 워킹의 사례를 잘 살펴 보아야 할 것이다. 특히 지역의 관광협회가 주도가 되어 지역 주민을 독려하며 새로운 매력을 발굴하는 것, 지자체에서는 가능한 인프라 지원 및 지역 경제 활성화를 위한 판로개척 등 각자 자리에서 최선을 다하는 것, 기본 자산을 잘 활용하여 공통의 목표를 가지고 함께 나아가 모두가 만족하는 최선의 결과물을 만들어 내는 것, 이것이 평범하지만 모범적인 관광콘텐츠를 만들어 가는 비결이 아닐까.

Part 2 웰니스 관광

──────────── 힐링을 찾아 떠나다

명소를 몇 곳이나 방문했는지 경쟁하듯 여행하는 시대는 지났다. 이제는 관광보다는 휴식을 위해 여행한다. 여행은 돌아오기 위해 떠나는 것이므로 어떻게 '쉴' 것인가는 앞으로 어떻게 '살' 것인가와 연결된다. 몸과 마음에 쌓인 스트레스를 해소하고 건강을 추구하는 '웰니스 관광'은 이미 주요한 여행 트렌드로 자리 잡았다. Part 2에서는 세계 곳곳에서 누릴 수 있는 여러 유형의 웰니스 여행을 알아본다.

1

진정한 힐링 여행

마닐라

뉴델리

우리는 여행 중에 '힐링'을
느낄 수 있길 간절히 바란다.

몸과 마음이 치유되는 경험은 오래도록 기억에 남아
여행 후에도 힐링의 순간을 선사한다.

전 세계인의 몸과 마음을 정화해 주는
오랜 전통과 역사를 지닌
마사지와 요가의 세계로 떠나본다.

마닐라

최고의 휴식을 누리다

'힐롯' 마사지

    여행은 취향에 따라 여러 유형으로 나뉜다. 하지만 여행의 중요한 목적 중의 하나는 단연코 '휴식'일 것이다. 세계적인 온라인 여행사 익스피디아의 2019년 조사에 따르면 우리나라 여행객 85%가 관광 및 체험이 아닌 오로지 휴식만을 위해 여행한 경험이 있다고 답했다. 최근 들어 균형 있는 라이프스타일에 대한 관심이 높은 가운데, 바쁜 일상에서 벗어나 몸과 마음에 쌓인 스트레스를 해소하고 건강을 추구하는 '웰니스 관광'^{Wellness Tour}이 새로운 여행 트렌드로 주목받고 있다.

- **스트레칭 중심의 타이 마사지 VS 치유의 마사지 '힐롯'**

    가까운 비행거리, 합리적인 가격으로 동남아 휴양의 정수를 맛볼 수 있는 필리핀은 우리나라 여행객들에게 많은 사랑을 받아왔다. '마사지'하면 태국을 떠올리기 쉽지만, 필리핀을 여행한 사람들도 한 번쯤은 마사지를 받아봤을 것이다. 그리스를 비롯하여 고대 인도, 로마 등에서 치료수단으로 발전된 마사지라는 말의 어원은 '어루만지다'라는 뜻의 아랍어와 '가볍게 누르다'라는 뜻의 라틴어에서 유래했다. 마사지의 효능은 다양하고 오늘날 전 세계 모든 문화권에서 여러 유형의 치료법으로 응용되고 있다. 특히 바쁜 일상에 치여 제대로 건강을 돌보지 못하는 현대인들에게 마사지는 최

마사지를 받고있는 사람

1. 바나나잎과 마사지 준비물 2. 타이 마사지 3. 코코넛 오일과 바나나잎 4. 힐롯 마사지

고의 휴식을 선물해 준다. 필리핀에서는 휴식과 회복에 초점을 맞춘, 오랜 전통을 자랑하는 마사지인 '힐롯 마사지'Hilot Massage가 인기를 끌고 있다.

'치유하는 자'라는 뜻을 가진 필리핀어 '힐롯'Hilot은 필리핀의 오랜 웰빙 전통을 바탕으로 풍부한 치유 방법을 자랑한다. 힐롯 마사지는 마사지 전과 후에 코코넛 오일과 따뜻하게 데운 바나나 잎을 사용하는 점이 특별하다. 코코넛 오일은 피부 흡수가 빠르고 수분과 유분 유지에 탁월한 효과가 있으며, 바나나 잎의 알란토인 성분은 피부의 각질을 제거하고 피부를 부드럽고 촉촉하게 하며 상처를 아물게 하는 데 도움을 준다. 실제로 국제 화상 학술지 「번스」Burns에는 화상 환자에게 바나나 잎 드레싱을 시행한 결과 통증이 줄어들고 감염 및 회복에 도움이 된다는 결과가 실리기도 했다.

이러한 효능을 가진 코코넛 오일과 따뜻하게 데운 바나나 잎을 마사지 전후에 함께 사용하게 되면 뭉쳐 있는 에너지를 풀어주고 신체의 균형도 회복시켜주는 효과를 체험할 수 있다. 또한 힐롯 마사지는 근육을 이완시켜 근육통을 줄여주고 혈액순환을 도와 스트레스를 해소시켜줄 뿐만 아니라 분만 전후 신체회복에 효과가 좋아 산모들에게도 큰 인기를 얻고 있다.

- **웰니스에 초점을 둔 관광 활성화**

힐롯 마사지는 이제 필리핀 웰니스 관광의 중심이 되고 있다. 필리핀 교육부 산하 기술교육 및 기능 개발국은 지방 정부와 함께 힐롯 마사지를 배우고 싶은 사람들을 위해 연수 프로그램을 제공하고 전문가 양성에 힘쓰고 있다. 숙련된 전문가가 진행하는 힐롯 마사지 특성상 일반 프랜차이즈 마사지 가게보다 가격이 높음에도 불구하고 이 특별한 전통 마사지를 받는 것에 대해 관광객들은 지갑을 여는 데 주저함이 없다. 필리핀의 고급 스파 또는 리조트에서는 힐롯 마사지를 대표 상품으로 내걸고 영업하는 모습을 어렵지 않게 찾아 볼 수 있다. 세계적으로 유명한 고급 호텔 브랜드인 샹그릴라의 '치 스파'Chi Spa와 필리핀 럭셔리 스파 프랜차이즈인 '더 스파'The Spa의 마사지사들도 이 협회의 힐롯 마사지 연수를 받았다.

2019년 메트로 마닐라의 SMX 컨벤션 센터에서는 필리핀의 건강 및 웰빙 산업을 홍보하고 필리핀을 세계 의료 관광 지도에 올리는 것을 목표로 하는 웰니스 박람회가 진행되었다. 웰빙 여행객이 총 관광 수입에서 차지하는 비중은 아직 크지 않지만 필리핀은 점차 건강 및 웰빙 여행의 목적지로 변신하고 있다. 2019년 '의료 관광 협회'에 따르면, 필리핀은 전 세계 방문지에서 19위, 의료 관광 업계에서 16위, 시설 및 서비스 품질에서 19위를 차지했다. 필리핀은 열대 기후와 그림 같은 자연경관을 즐기며 느긋한 휴식을 취하기에 안성맞춤이기 때문에 시너지 효과를 낼 수 있는 웰니스 관광 시장에 집중하고 있다. 이를 위해 필리핀 관광부는 보건부와 긴밀히 협력하고 있으며, 동시에 고급 의료 서비스를 제공하는 의료 기관 및 웰빙 방문지를 늘리기 위해 지속적으로 노력하고 있다.

 태국은 전통적인 민간 건강 요법인 타이 마사지를 국가 차원에서 브랜드로 육성해 연간 260만 명의 웰니스 관광객을 유치하고 있으며, 인도는 전통의학인 아유르베다와 요가 등을 웰니스 콘텐츠로 키우고 있다. 필리핀도 오직 필리핀에서만 즐길 수 있는 힐롯 마사지로 관광객 유치에 힘쓰고 있다. 필리핀은 세계적으로 인정받는 수상 경력을 가진 웰니스 리조트와 스파를 보유하고 있으며, 영어를 구사하는 웰빙 전문가들이 세계적 수준의 서비스를 합리적인 가격에 제공하고 있다. 여기에 전통적인 힐롯 마사지라는 서비스를 더하여 웰니스 관광의 폭을 넓혀가고 있다.

- **우리 문화와 전통을 접목한 웰니스 관광개발**

 국내에도 웰니스의 붐으로 다양한 웰니스 관광콘텐츠들이 개발되고 있다. 그러한 콘텐츠들이 우리 국민뿐만 아니라 전 세계인들의 주목을 받기 위해서는 우리만의 문화와 전통을 접목하여 특성 있는 콘텐츠로 나가야 할 것이다. 1700년 한국 불교의 역사와 문화가 살아 숨 쉬는 사찰에서 수행자의 일상을 경험하는 템플스테이가 좋은 사례가 될 수 있다. 2002년 한·일 월드컵을 기점으로 한국 전통문화의 우수성을 알리기 위해 시작

1 진정한 힐링 여행 —— 마닐라

1. 힐롯 마사지 2, 3. 아유르베다 4. 아유르베다 마사지 재료

된 템플스테이는 이제 200만여 명의 세계인이 함께하고 OECD가 '창의적이고 경쟁력 있는 우수 문화상품'으로 선정한 대한민국 대표 웰니스 문화체험 콘텐츠가 되었다. 외국인 전문 템플스테이를 운영하는 사찰도 전국에 30곳 가까이 되고, 홈페이지를 통해 프로그램을 미리 맛보고 쉽게 예약할 수 있다. 서울에 홍보관도 운영하여 직접 몇몇 프로그램을 간단히 체험하고 템플스테이에 대해 자세히 안내받을 수도 있다. 많은 외국인들이 체험했다고 하지만 아직은 세계적으로 알려지지 못했으니 좀 더 체계적이고 적극적으로 홍보해나가야 하겠다. 지역마다 한국적 특성을 담은 다양한 웰니스 관광상품들이 개발되어 한국이 세계에서 '힐링'으로 유명한 웰니스 관광국이 되기를 기대한다.

뉴델리

진화 중인
인도 요가 산업

요가 관광

● **요가와 명상의 메카, 인도**

　인도를 떠올리면 어떤 이미지가 연상될까. 타지마할, 간디, 벵갈 호랑이, 뭄바이의 대규모 빨래터 그리고 가장 널리 알려진 요가일 듯하다.

　한국에서도 건강을 위해 요가를 많이 배운다. 한국에는 몇 년 사이 요가가 대중화 되었지만 미국을 포함한 서구 사회에는 요가가 꽤 오래전부터 알려졌다. 비틀즈는 1968년 창작의 고통으로 괴로워하던 때 마하리시 마헤쉬 요기^{Maharishi Mahesh Yogi}와 함께 두 달 동안 인도에 머물며 영감을 얻어 48여 곡을 작곡하는 등 다시 왕성한 음악 활동을 이어 나갈 수 있었다. 이처럼 수많은 현대의 유명인사들이 인도 요가와 명상 수련회에 몰려들고 있는 사실은 이제 새삼스럽지 않다.

　2014년 12월 UN이 6월 21일을 세계 요가의 날로 기념하는 결의안을 제출했을 때 전 세계 193개국이 만장일치로 통과시켰고 무려 177개국이 공동 후원했다는 점에서 요가의 인기는 가히 세계적이라는 것을 느낄 수 있다. 그렇다면 이러한 엄청난 콘텐츠를 인도는 어떻게 관광과 연계하여 부가가치를 창출하고 있는가.

- **'인도인'을 위한 요가, '외국인'을 위한 요가**

요가는 BC 3000년경 인더스 문명에서 시작되어 현재까지 약 5000년의 역사를 가진 만큼 다양한 유파와 이론이 있다. 이 모든 것을 정확히 구분하기는 어렵지만 재미있는 사실은 '인도인'을 위한 요가와 '외국인'을 위한 요가가 구분되어 있다는 점이다.

전통적인 인도 요가는 자아 성찰과 심신의 정화를 통한 수행법으로 금욕, 절제, 신체 자세 수련, 호흡 수련, 감각 제어, 집중, 명상 등 여러 삶의 방식으로 존재한다. 물론 역사적으로는 종교와도 결부되어 있다. 하지만 현재 우리가 알고 있는 요가는 서구의 자본과 결합되어 유연한 몸과 단단한 복근, 날씬한 몸매를 가지면서 동시에 일상의 스트레스를 해소하는 스포츠로서 서구에 의해 완전히 재발명되었다고 할 수 있다. 아이러니하게도 이렇게 역수입된 현대 인도 요가는 인도 대체의학인 아유르베다^{Ayurveda}와 결합하여 웰니스 상품으로 진화하고 있으며, 인도의 경제성장과 맞물려 고소득자를 중심으로 빠른 속도로 성장하는 시장이 되었다.

소비자의 요구에 발맞춰 빠르게 변모하고 있는 인도 요가시장이지만, 멋진 요가센터와 요가복 그리고 여행에서 맛볼 수 있는 맛있는 음식을 인도에서 기대하면 큰 오산이다. 전통적인 요가수칙에 따르면 요가는 자고로 대자연과 함께 채식만 하면서 엄격한 규율하에 진행되기 때문이다. 요가 체험 여행객의 절대다수는 역시 단순체험 방문객이다. 요가 수업이 힘들면 빠져도 상관없는 그런 부류이다. 물론, 한 시간 정도 체험해보는 것은 가능하겠지만 말이다. 인도 요가시장이 현대화되고 있다고 해도 인도는 인도인 것이다.

- **인도의 요가시장은? 그리고 요가 관광 시장은?**

글로벌 요가 산업의 규모는 800억 달러$^{약\ 87조\ 원}$ 정도이며, 인도의 요가 산업은 그중 약 15%인 120억 달러$^{약\ 14조\ 원}$ 정도로 예상된다. 인도가 적지 않은 비중을 차지한다고 볼 수 있지만, 미국의 요가 산업 규모 또한 인도와

1. 요가하는 사람들 2. 인도 요가원 3, 4. 명상수련을 하는 사람들

1 진정한 힐링 여행 — 뉴델리

아유르베다

비슷해서 요가 탄생지로서 인도의 자존심이 구겨질 만한 수치이다.

요가시장은 수업 시장이 대부분을 차지하는데, 요가 의류, 장비, 교재 및 비디오 시장이 점차 늘어나는 추세이다. 특히 요가 의류 및 장비 시장이 최근 4년간 연평균 6%로 급성장하고 있다. 나이키, 아디다스와 같은 글로벌 스포츠 의류 업체들이 대규모 투자를 통해 요가 산업 내의 지분을 키워 나가고 있다. 반면 요가 종주국인 인도에서는 관련 상품 개발이나 투자 등이 상대적으로 부족한 상황이다. 미국이 요가 산업의 과실을 가져가는 추세이고, 인도는 많이 챙겨가지 못하고 있다.

- **인도의 요가 관광 제약요인**

요가의 세계적 인지도에도 불구하고 왜 인도는 요가 관광으로 부가가치를 얻지 못할까? 첫 번째, 요가는 이제 더 이상 인도만의 것이 아니다. 단적으로 미국, 동남아에도 요가 관광상품이 많다. 이는 콘텐츠가 너무 글로벌화되어서 경쟁국의 콘텐츠가 더욱 강력해진 경우이다. 한 시간 체험을 위하여 먼 인도까지 여행 갈 필요가 없어진 것이다.

두 번째, 요가가 표방하는 '심신을 치유하는 웰니스'와 거리가 먼 인도의 관광 인프라 때문이다. 중국을 넘어선 대기오염 수치, 하루에도 몇 번씩 일어나는 정전, 불편한 도로 및 대중교통 상태, 비위생적인 환경, 불안한 치안 등 공항 밖으로 나가는 순간부터 심신이 안정되기보다는 심신을 단단히 붙잡아 두어야 할 것 같은 느낌을 받는다. 이렇게 인도의 청결하지 못한 이미지는 현대 요가에 익숙한 소비자를 인도의 요가 관광에서 멀어지게 만들고 있다.

이 때문에 인도의 요가 관광은 뜨지 않은 것이 아니라 요가만 떴다고 얘기하는 게 정확한 표현이 아닐까 싶다. 비록 테라피, 치료, 마사지 등과 함께 요가 관광도 성장하고 있지만, 그 결실은 온전히 인도가 챙겨가지 못하는 것이다. 요가와 요가 관광이 비슷한 듯 보이지만 산업적인 측면에서는 다른 것이다. 마치 음원을 듣는 것과 콘서트를 보러 공연장에 직접 가는 것이 다른 것처럼.

● 우리나라의 요가 산업

　전 세계적인 요가 광풍에 우리나라에서도 요가가 대중적인 심신 수련 운동의 하나가 되었다. 초기에는 소수만 배울 수 있었던 요가 수업이 몇 년 사이 각 지역 주민센터의 프로그램으로 자리 잡아 이제는 누구나 쉽고 저렴하게 요가를 접할 수 있다. 연령대도 다양해져 아이들도 학교나 유치원에서 요가를 배울 수 있다.

　관광업계에서도 작은 규모의 숙소들에서 투숙객들에게 요가 클래스를 제공하는 것에서 시작하여 몇 년 사이 체험형 혹은 여가형 프로그램으로 요가 클래스를 운영하는 숙소들이 늘어나는 추세다. 특히 코로나19로 해외여행이 힘들었던 2020년 여름, 한 호텔에서 '요가 패키지'를 선보여 좋은 반응을 얻었다고 한다. 우리나라에도 요가 전문가층이 두터워진 만큼 이를 활용해 그 지역의 명소 등을 포함한 다양한 요가 패키지를 기획한다면 웰니스를 추구하는 국내외 관광객의 수요를 창출할 수 있을 것으로 보인다.

요가를 하고있는 사람

2

리조트의 변신

쿠알라룸푸르

이스탄불

우리가 여행하는 데는 휴식, 체험, 관광 등
여러 가지 이유가 있다.

'휴식'과 '체험'을 같이 누릴 수 있다면
금상첨화일 것이다.

여러 세대의 여행객을 고려하고
다채롭고 즐거운 체험과
깊이 있는 휴양 경험을 제공하고자
변화를 모색하고 있는 리조트들을 방문해 보자.

쿠알라룸푸르

최고의 휴식을 찾아서

종합 엔터테인먼트 리조트

그동안 여행에서 숙소는 부차적인 요소였다. 그야말로 '밖에서' 여행을 즐길 만큼 즐긴 후에 '안에' 들어와서 몸을 쉴 수 있는 곳에 불과했다.

하지만 이러한 생각은 꾸준한 경제성장과 더불어 급격하게 바뀌었다. 서울 도심에서 이른바 호캉스가 유행하는 것만 봐도 알 수 있다. 도심의 고급 호텔에 숙박하면서 서비스를 받고 푹 쉬며 휴가 기분을 내는 것이 젊은이들의 주요 휴가 트렌드로 자리 잡은 것이다. '어디 멀리 가는 것도 아니고 왜 호텔에 돈을 쓰느냐.'는 반응도 이젠 옛말이 되었다. 이러한 트렌드는 이제 장기 휴가에서도 나타난다. 그리고 이런 수요층을 잡기 위한 맞춤 상품이 바로 리조트 중심의 풀보드$^{Full\ Board,\ 세\ 끼\ 식사\ 제공\ 숙박}$ 상품이다.

- **코로나19로 인해 더욱 부각되는 리조트 숙박의 장점**

리조트 풀보드 상품이 주 고객으로 삼는 층은 경제적 여유가 있어 이미 여행 경험이 충분한 고객과 가족단위 고객이다. 해외여행을 많이 다닌 고객의 경우 초창기에는 많은 나라와 관광지를 방문하고 싶은 마음에 빡빡한 일정을 힘들게 소화했었다. 하지만 그런 여행이 식상해지고 굳이 비행기를 타고 멀리 왔는데 많이 돌아봐야 한다는 '본전 생각'에서 벗어나면 순수하게 휴식을 목적으로 한 여행이 가능해진다. 가족단위 고객의 경우 이동성이 떨어지거나 다양한 관광지에 흥미가 없는 아이들이 있는 경우가 많아서 휴식 위주의 여행을 하게 된다.

풀보드 상품은 주로 말레이시아 등 동남아에서 해변 관광지의 리조트를 중심으로 구성되어 있다. 이런 리조트들은 숙박 기능에서 나아가 자체적으로 놀이시설이나 각종 체험활동 인프라를 갖추고 있어서 예약 시 이런 체험활동 비용이 함께 결제된다. 그래서 여행지에서의 활동반경이 대체로 리조트 내부나 인근 체험 관광지로 제한될 수밖에 없다. 리조트에서 마련해주는 식사를 하고, 아이들이 준비된 체험 프로그램에 참여하는 동안 부모는 휴식을 즐길 수도 있다. 동선이 짧으니 여행 중 피로가 거의 없고 마사지 등의 프로그램으로 평소에 쌓인 피로도 풀 수 있다. 휴식에 초점을 맞춘 여행객들은 제대로 충분히 쉬다가 올 수 있는 것이다. 대형 리조트의 경우 자체 보유한 워터파크 입장권까지 함께 판매하니 단순 숙소 기능을 넘어 리조트가 포괄하는 범위도 점점 커지고 있다.

관광업계를 초토화시킨 코로나19로 인해 풀보드 상품의 장점이 더욱 두드러질 것으로 보인다. 최대한 많은 곳을 방문하면 자연스레 많은 사람을 만나기에 바이러스에 노출되는 빈도가 높아질 수밖에 없으며, 방문 장소의 방역 상태 역시 안심하기 힘들다. 하지만 리조트의 경우, 관광객은 대체로 리조트 안에 머물고 정기적인 내부 시설 소독, 임직원 및 이용객들의 체온 점검 등 최소한의 방역 점검이 이루어지기 때문에 코로나19를 비롯한 감염병 노출 위험이 상당히 낮다고 할 수 있다. 게다가 주로 일행끼리만 여유로운 시간을 보내기 때문에 관광객 스스로도 접촉 범위를 줄일 수 있다.

- **새로운 수익원이 된 리조트 풀보드 상품**

사실 해변 리조트의 풀보드 상품 자체는 새로운 여행 트렌드나 상품이 아니다. 동남아시아로 신혼여행을 가본 사람이라면 상품 이름이 풀보드는 아니었을지라도 최소 하루는 리조트에서 푹 쉬었을 것이다. 하지만 현시점

말레이시아의 풀보드 리조트

에서 우리 여행업계가 이 상품에 주목해야 하는 이유는 이러한 풀보드 상품이 말레이시아 여행사들의 새로운 수익원이 되고 있기 때문이다.

휴식하기 위해 풀보드 상품을 활용하면 여행 일정 때문에 고민할 필요는 없지만, 어떤 리조트의 어떤 상품을 이용할 것인지, 그리고 리조트까지 어떻게 갈 것인지 등을 결정해야 한다. 리조트들은 자사 웹사이트를 통해 풀보드 상품을 판매하지만, 고객 입장에서는 여러 리조트를 비교하기 위해 일일이 알아봐야 하는 불편이 있다. 리조트까지 이동하는 것 역시 불편한 경우가 많다. 말레이시아 여행사들은 이 부분을 공략하고 있다. 여행사에서는 여러 리조트의 자료를 모으고 리조트와의 계약을 통해 판매 권리를 확보한 다음, 고객들에게 여러 리조트를 동시에 비교할 기회와 정보를 제공한다. 여행사에서 해당 상품을 구매하면 리조트까지 오갈 수 있는 왕복 교통편도 함께 구매할 수 있다. 여행 정보에 쉽게 접근할 수 있어 여행사의 상품 판매가 예전 같지 않은 요즘에 풀보드 상품 판매는 쏠쏠한 수익 상품이 되어주고 있다.

이렇듯 리조트 풀보드 상품은 리조트에게는 단순한 숙박 제공을 넘어서 연관된 수익까지 창출할 수 있는 고객 유치 기회를, 여행사에게는 그런 리조트 상품을 주요 고객층에게 전달하는 플랫폼 사업 기회를 제공한다. 코로나19 이후 활로를 개척해야 하는 한국의 리조트와 여행사들이 참고할 만하다고 볼 수 있다.

- **지역 경제 활성화도 가능**

우리나라는 지역에 대형 리조트가 들어서는 것은 관광객 유입의 기대를 높이는 반면, 대기업에게만 이익이 될 뿐 지역 경제에는 도움이 되지 않는다는 비판도 많다. 하지만 리조트 기업이 의지를 가지고 주변 상권, 지역의 관광두레 등과 협업하여 음식, 농장, 야간관광 등의 상품을 구성한다면 리조트 풀보드 상품은 지역 경제 활성화에도 도움이 될 수 있는 묘책이 될 것이다.

이미 제주도에서 영업 중인 몇몇 리조트의 경우 이런 시도들이 진행되고 있다. 어떤 리조트들은 리조트 내에 팝업스토어 형태로 체험 프로그램을 마련하여 숙박 상품을 판매하기도 한다. 한 예로, 와이너리 투어^{Winery Tour}는 리조트 내에 저마다 특색 있는 와이너리 부스를 서너 곳 마련하여 이동과 테이스팅에 제한을 두지 않고 셀프투어하는 프로그램으로 와인을 좋아하는 여행객들의 관심을 끌어내고 있다. 또한 계절마다 방문할 만한 명소의 입장권을 포함한 상품을 기획하면 기존에 없던 관광 수요를 창출할 수 있을 것이다.

아바니 세팡 골드코스트 리조트

이스탄불

터키의 다채로운 관광도시들

다양한 리조트 소개

 호메로스의 「일리아스」와 「오디세이아」는 오랜 세월 동안 전 세계인에게 알려져 왔고, 이중 '오디세이아'는 긴 여정, 여행과 같은 의미를 뜻하는 일반 보통명사가 되었다. 「오디세이아」는 트로이 전쟁에 참가한 그리스의 오디세우스가 전쟁 후 10년에 걸쳐 자신의 고향 이타케로 귀향하는 여정을 그린 작품이다. 이 모험담을 관통하는 '귀향', '지혜', '환대', '운명애', '인내' 등이 이 작품을 오래도록 기억하게 하는 핵심어들이다.

 '환대'Hospitality라는 개념은 관광이 일상화된 오늘날, 환대산업Hospitality Industry을 연상시켜 우리의 눈길을 끈다. 고대 그리스인들은 '환대'라는 말을 문명인과 비문명인을 구분하는 개념으로 생각했다. '환대'는 주인 입장에서 항상 손님에게 줄 의무가 있는 것이고, 손님 입장에서는 주인에게 요구할 수 있는 권리로 인식했다고 한다.

 최근 수년간 한국, 중국, 일본, 동남아 국가 등 아시아 관광객들은 보통 이스탄불을 거쳐 카파도키아, 파묵칼레, 에페수스, 하투사, 앙카라 등 터키 내륙 지방을 중심으로 여행했다고 한다. 이에 반해 러시아, 영국, 독일, 덴마크 등 유럽인들은 안탈리아, 달라만, 보드룸, 페티예 등 지중해 및 에게해 연안의 도시들을 더 많이 찾는 것으로 나타났다. 아시아인과 유럽인이 터키의 서로 다른 여행지를 선택하는 데는 나름대로 목적과 이유가 있을 것이다. 터키의 내륙을 중심으로 하는 여행코스와 지중해 및 에게해 관광지를 모두 다녀본 여행자들은 두 가지 코스에서 서로 다른 경험을 했다고 한다.

터키 서남부의 지중해 및 에게해 연안에 자리한 이들 휴양 관광지들은 행정구역상으로 터키의 안탈리아주, 무을라주, 이즈미르주 및 차나갈레주에 속한다. 안탈리아를 제외하면 저마다 작지만 힘차고 개성이 있는 휴양 및 체류형 관광도시 브랜드를 만들어 가고 있으며, 앞으로도 그 잠재력이 큰 곳으로 보인다.

● 대중형 휴양도시, 안탈리아

안탈리아는 지중해를 대표하는 최대 휴양도시로 푸른 파도와 새하얀 요트, 긴 해안선과 모던한 현대 도시의 모습을 대조적으로 보여주고 있다. 제우스가 살았다는 올림푸스산이 자리잡은 토로스 산맥이 이 도시의 뒤쪽을 굳게 받쳐준다.

인구가 약 243만 명인 안탈리아는 전형적인 휴양 관광도시로, 도시를 둘러싼 자연환경과 사회적 여건 그리고 사람들의 모습에서 관광도시라는 것을 물씬 느낄 수 있다. 안탈리아는 공항이 있는 도심관광 지구, 동쪽의 벨렉 지구와 시데 지구, 서쪽의 케메르 지구 등으로 이루어져 있다.

이들 관광지구 중에서도 벨렉 지구와 케메르 지구는 고급 휴양 리조트, 골프장, 테마파크와 온천들이 어우러진 대표적인 럭셔리 휴양지다. 이중 가장 역사가 오래된 벨렉 지구는 43개의 대형 리조트와 호텔들이 있다. 이곳에는 23개의 골프장이 있는데, 터키 전역의 골프장 수가 대략 30여 개가 안 되니 대부분의 골프장이 이곳에 몰려 있는 셈이다. 벨렉 지구의 '레그넘 카리아'Regnum Carya Golf & Spa Resort라고 하는 대형 리조트 호텔은 2015년 G20 정상회의를 개최한 곳으로, 이 지역의 대표적인 리조트라고 할 수 있다. 원래 이 지역은 벌레들이 많아 리조트를 짓기 적합한 환경은 아니었는데, 1990년대 초반 터키문화관광부와 이곳의 한 대학이 벨렉 지구 270㎢

안탈리아 구시가지 칼레이치

2 리조트의 변신 — 이스탄불

1. 안탈리아 도시 전경 2. 델핀 BE 그랜드 리조트 3. 레그넘 카리아

의 면적 내에 모기, 집파리, 모래파리를 몰아내기 위한 연구를 시작했다. 이후 연간 30만 유로^{약 4억 원}의 예산을 들여서 모기 및 파리와의 싸움을 지속하여 모기 개체수를 85~90% 정도 줄이는 데 성공했다. 이 외에도 'Belek 2000'이라는 프로젝트를 통해 바다거북 등의 동식물을 보존하여 관광객들에게 감동을 선사하기 위해 노력 중이다.

● **젊음의 휴양도시, 페티예**

안탈리아에서 서쪽 '페티예'로 가는 2차선 해안가 도로는 여행객들에게 많은 인내심을 요구한다. 토로스산이 있는 오른쪽은 높은 절벽이고 지중해가 있는 왼쪽은 낭떠러지라서 순간적으로 운전을 잘못하면 오른쪽 벽에 부딪히거나 왼쪽 낭떠러지로 떨어질 수 있다. 게다가 이 길은 약 200km 이상 이어지기 때문에 적어도 2시간 이상을 긴장하며 운전해야 한다.

지중해와 에게해에 접해 있는 무을라주의 대표산업은 단연 관광산업이다. 1,480km의 긴 해안가, 면적의 67%에 해당하는 숲, 요트 산업의 발달, 인근 내륙 및 해양에서의 신선한 농수산물의 제공, 공항시설 및 도로 등 관광 인프라에 대한 정부의 투자, 관광객 수용 시설에 대한 투자 유치들이 관광산업을 발전시켜 온 것으로 보인다. 무을라주에서도 마르마리스, 보드룸, 페티예, 다트차, 쾨에제이즈, 울라, 오르타자와 달라만 구역 등이 관광산업에 많이 의존하고 있다.

페티예는 행정구역상으로 무을라주에 속하지만 에게해가 아닌 지중해에 속한 대표적 휴양도시 중 하나이다. 도심에서 북쪽으로 약 90km 지점에 달라만 공항이 있고, 무을라주를 방문하는 외국인 관광객 중 50~55% 정도가 이 공항을 통해서 입국한다. 최근 몇 년 동안 이 공항과 영국, 독일, 러시아, 중동 국가의 도시들을 잇는 직항노선들이 속속 개설되었다.

관광자원 면에서 페티예는 역사적 카를라 및 유네스코에 등록된 레툰 및 크산토스의 역사문화, 터키 정부 2020 방문의 해 지역인 파타라와 같은 역사 유적지가 주의 다른 지역보다 많다. 또한 페티예는 해양 스포츠로 유명하다. 스쿠버, 요트 등 해양 스포츠에 관심이 많은 동호인들에게는 거부할 수 없는 방문지다.

한편 숙박 시설들과 공항의 접근성, 요트 및 항구 이용의 편리성, 50여 개 이상의 5성급 호텔 및 리조트들, 모든 것을 포함하는 패키지 프로그램 등 여러 가지 요인들로 인해 페티예는 럭셔리 휴양 관광도시로서의 기반이 잡혀가고 있다. 독일, 러시아, 영국, 그리스 투자자들이 이 시설들에 투자했으며, 최근에는 중동 투자자들도 발길을 자주하고 있다.

투이 리조트 호텔Tui Sensatori Resort Barut Fethiye은 독일계 리조트 호텔로 페티예 도심에서 서쪽으로 2~3km 떨어져 있다. 럭셔리 컨셉과 젊은 분위기에 맞게 스포츠와 엔터테인먼트, 스파 및 웰니스를 보여줄 만한 다양한 시설과 활동들을 제공한다. 특히 비치발리볼, 요트, 필라테스, 수상스키, 윈드서핑, 수상자전거, 수영장 등 다양한 종류의 스포츠 시설이 있고 전문가들을 고용하여 고객들의 체험을 도와주고 있다.

한편으로는 터키식 목욕문화를 체험할 수 있는 터키식 목욕 및 사우나 시설도 있다. 스파에서는 몸과 마음을 힐링할 수 있도록 전문 테라피스트들을 고용하여 오일 마사지, 스포츠 마사지 시설들을 갖추고 고객들을 맞이하고 있다. 특별 테라피로 아시아 전통 마사지와 고대 이집트 및 중국식 요법인 반사요법 테라피도 제공한다고 한다. 또 여성 고객들을 위해 다양한 종류의 피부관리를 제공하고 있다.

- **에게해의 작지만 강한 휴양도시, 보드룸**

보드룸은 고대유적으로 원형극장, 마우솔레이온 영묘, 보드룸성, 박물관 등 고대 그리스와 로마 시대의 영향이 많이 남아 있고, 한때는 십자군의 거점지역이었으며, 오스만 제국에 의해 소멸되었다가 최근 에게해를 선도하는 휴양지로 거듭나고 있는 도시다.

보드룸의 면적은 680㎢, 인구는 2019년 말 기준으로 175,435명이다. 무을라 지방을 찾는 외국 관광객의 25~30%가 밀라스-보드룸 국제공항을

1, 2. 페티예에서 즐기는 레저 활동 3. 페티예 나비계곡 4, 5. 페티예의 역사유적

2 리조트의 변신 —— 이스탄불

휴양도시 보드룸

106

이용한다고 하니 30%로 추산하면 약 96만 명 정도가 보드룸을 방문한다고 볼 수 있다. 물론 보드룸은 그 규모나 인구 및 관광객 수 면에서 안탈리아보다 많이 작다. 그런데도 터키의 고소득자들은 안탈리아보다 보드룸을 더 선호한다. 안탈리아는 연간 천만 명이 넘는 외국인 관광객이 들어오기 때문에 이미 대중화되어 있고, 터키인들은 좀 더 여유로운 곳에서 쉼터를 찾는다는 것이다. 보드룸 도심에 들어서면 안탈리아와 마찬가지로 도시 전체의 모습에서 휴양지 느낌이 물씬 나지만, 안탈리아보다 좀 더 그리스적인 분위기를 느낄 수 있다.

 여행안내서에 적혀 있는 것만 보면 반나절이면 보드룸 반도를 둘러볼 수 있을 것만 같다. 그러나 밀라스 국제공항에서 도심까지 50km, 도심에서 서쪽 끝까지 23km를 더 가야 하고, 이곳에서 일곱 개 만들과 산들을 한 바퀴 돌아보려면 최소한 며칠은 소요된다. 해안가 도로를 따라 돌다 보면 우리나라 다도해에 있는 듯한 느낌이 든다. 한국의 산들과 큰 차이점은 이곳 산에는 소나무 외에 나무들이 키가 작고, 바위가 부서져 만들어진 돌산이라서 아주 메말라 보인다. 이러한 척박한 산에서도 올리브 나무들이 중간중간 질긴 생명력을 보여주고 있다.

 터키는 2012년 5월 외국인의 터키 내 부동산 취득을 허용하는 법을 개정하면서 많은 외국 기업들의 투자를 유치했다고 한다. 미국계 힐튼 및 메리어트 호텔, 독일계 캠핑스키호텔 그룹, 프랑스 아코르 그룹, 그리고 터키의 대기업 리조트 및 호텔들의 투자들로 건설된 관광시설들이 보드룸의 거친 산과 해안가, 골짜기들에 럭셔리 리조트 군락을 형성하고 있는 것이다. 또한 프랑스 카르푸, 영국 마크로센터 등 국제적인 유통업체들, 터키의 토속 유통 브랜드 미그로스들이 수많은 여행객들을 맞이할 시스템을 만들어내고 있다.

 이곳의 리조트들은 대부분 해안가를 일부 차지하고 있어서 파라솔을 구비하고 해수욕을 할 수 있는 고급 숙박 시설들이다. 또한 다른 지중해 및 에게해에 자리 잡은 리조트들처럼 시설 내 이용하는 모든 비용을 포함하는 패키지 프로그램도 운영하고 있다. 이를 통해 리조트를 찾는 손님들은 시간과 시설이용 제약없이 음료와 음식을 경험할 수 있다. 이는 '환대'라는 개념에서 보면 관광객들이 한층 편안하게 휴식을 할 수 있는 장소라는 인식을 준다.

● 이즈미르의 미래형 휴양도시, 체스메

요즈음 터키에서 뜨는 방문지가 어디냐고 묻는다면, '체스메'라고 답하는 이들이 대다수일 것이다. 터키의 여행사들도 같은 의견일 것이다. 터키 문화관광부 장관은 최근 이즈미르를 방문해서 이 지역의 관광 관계자들과 회의한 후 체스메 프로젝트를 추진하겠다고 밝힌 바 있다.

터키어로 '샘물'이라는 뜻의 체스메 지역은 이즈미르의 서쪽 끝 반도에 있다. 이곳 이즈미르는 「일리아스」와 「오디세이아」의 저자 호메로스의 고향이자 고대 이오니아학파의 중심지였다. 또한 체스메는 한국 관광객들에게도 낯설지 않은 곳이다. 한국 관광객들이 많이 방문하는 이즈미르, 에페수스, 셀축, 파묵칼레 등 주요 관광지가 체스메에서 가깝기 때문이다. 체스메 지역은 탄탄한 배후 도시 이즈미르가 있다. 에게해 중심도시로 인구 432만 명의 이즈미르는 인구로는 세 번째 도시이자 산업 면에서도 터키 내 5대 도시 중의 하나다. 체스메 항구를 포함하여 4개의 주요 항구들이 있고 100km 거리에 이즈미르 멘데레스 공항이 있다. 이 공항은 43개 항공사들이 28개국에 직항노선을 갖고 있는 공항이다. 터키 정부 입장에서는 체스메를 대규모 휴양 관광도시로 개발하고자 욕심을 낼 만도 하다.

특히 지난해 이스탄불의 동쪽 끝, 게브제에서 부르사로 이어지는 마르마라 바다를 건너는 긴 다리가 완공되었다. 이곳에서 이즈미르까지 내륙을 관통하는 고속도로도 완공되어서 이스탄불에서 이즈미르까지 차로 3시간 반이면 도착할 수 있게 되었다. 이로써 더 많은 현지 여행객들이 인구 1천6백만 명의 도시 이스탄불에서 이즈미르로 편하고 쉽게 오갈 수 있게 되었다.

2 리조트의 변신 — 이스탄불

에게해의 파라다이스, 체스메

체스메 지역은 에게해의 파라다이스로 불리기도 한다. 풍부한 어족이 있고 다양한 해양 스포츠 활동을 즐길 수 있으며 넓게 펼쳐진 해안가를 따라 맑고 짙푸른 바다를 접할 수 있어서 최근 핫한 지역으로 떠오르고 있다. 특히 이곳은 미네랄이 풍부하여 자연의 기적이라 불리고 색깔과 냄새가 없는 최상의 유황온천을 즐길 수 있다. 또한 서핑, 바다 연날리기, 다이빙 같은 해양 스포츠에 관심이 높아지고 있으며, 윈드서핑으로도 아주 유명하다. 최근 「뉴욕타임즈」에 방문해야 할 곳 14위로 평가되었고, 젊은 층 사이에서도 인기를 끌면서 몇 년 사이에 체스메의 인기가 급상승하고 있다.

물론 이곳에는 이미 쉐라톤, 래디슨 블루 리조트 호텔과 같은 국제 브랜드 호텔과 알튼 유누스 체스메, 그랜드 호텔 온투르, 일리자 호텔 스파&웰니스와 같은 터키의 대형 브랜드 호텔들이 자리 잡고 있다. 그러나 규모 면에서 안탈리아만큼 크지 않고, 방문객 수나 관광활동에 있어서도 보드룸만큼 활성화되어 있지 않다. 그래서 터키 정부에서는 2023년까지 20여 개의 골프장, 자전거 공원 등을 포함한 야외 스포츠 시설, 겨울철 관광을 위한 온천 지역 조성, 컨벤션 센터와 박람회장 등 다양한 방향으로 개발하고자 한다. 나아가 이즈미르 동쪽의 디딤 지역까지를 포함하는 보다 큰 규모의 관광지 개발을 계획하고 있다. 이 프로젝트들이 체스메와 디딤 지역을 어떻게 바꾸어 놓을지 기대가 된다.

- **진정한 환대를 느낄 수 있는 관광지 개발**

앞에서 살펴본 바와 같이 지중해 및 에게해 지역의 휴양도시들은 자연적으로는 따뜻한 기후, 북쪽의 높고 거친 산들, 남쪽의 짙푸른 바다가 극명히 대조를 이루며 천혜의 휴양지 조건들을 갖추고 있다. 또한 역사문화 자원이 풍부하고, 관광객을 수용할 수 있는 호텔이나 리조트 등을 잘 갖추고 있으며, 국내외에서 관광객들이 찾아올 수 있는 각종 교통수단도 발달해 있다. 그래서 방문객들로 하여금 하루라도 더 머물고 싶은 체류형 및 휴양형 고급 시설들로 자리매김하고 있다.

또한 이들 휴양 관광지에서는 고대 그리스인들이 생각했던 '환대'라는 개념이 자본주의의 '고급'이라는 이미지를 달고 환대산업으로 정착해가고 있는 모습도 볼 수 있다. 그 이면에는 이 지역으로 많은 관광객을 유치하고, 또한 손님들을 자기네 시설로 유치하려고 하는 자본주의 시대의 트로이 전쟁이 뜨겁게 진행되고 있는 것이다.

국내에서도 많은 관광지와 리조트들이 개발되었고 앞으로도 쭉 이어질 것으로 보인다. 아예 관광도시를 만들고자 하는 프로젝트들도 있다. 산을 깎아내고 시내를 메우고 커다란 대지 위에 많은 돈을 들여 대형 인공 건축물과 다양한 시설을 세우는 것이 여행객을 맞을 준비의 전부가 아니다. 관광지나 관광도시를 계획할 때 우리의 자연조건, 사람, 지역 특색 등이 전체 속에 조화를 이루어 한국을 방문한 여행객들이 진정으로 환대받는다는 느낌을 어떻게 구축할 것인지 처음부터 함께 고민해야 할 것으로 보인다.

3

음식 문화 여행

시안

홍콩

여행 중에 먹은 특별한 음식은
그 시간을 더욱 색다른 추억으로 숙성시킨다.

음식은 단순한 먹거리가 아니라
그 지역의 문화와 역사를 투영하는 매개체이다.

전통의 서민 먹거리부터 고급 퓨전 요리까지
전 세계인을 대상으로 마케팅하며
치열하게 노력하고 있는 두 도시를 소개한다.

시안

역사와 전통의
서민 먹거리 관광

라오쯔하오와 명물먹거리

　우리는 보고 먹고 즐기기 위해 여행을 떠난다. 과거에는 볼거리와 즐길거리가 여행지를 결정했다면, 최근 여행자들에게는 '먹거리'가 가장 큰 관심사이자 전체 여행의 만족도를 좌우하는 주요한 요소가 되었다. 이는 큰 마음을 먹고 떠나는 해외여행에서도 마찬가지이다. 여행을 즐기는 특별한 재미는 물론이고 가장 쉽게 그 나라의 문화를 이해할 수 있는 먹거리 관광은 이제 해외여행의 대세가 되었다.

- **역사와 전통의 시안 노포들 '라오쯔하오'**

　진시황의 병마용과 양귀비의 화청지, 도심 속 고성벽 등의 볼거리로 남부럽지 않은 중국의 천년 고도인 시안西安에서는 지역 특색의 음식을 즐기며 찾아다니는 최신 여행 트렌드에 발맞춰 2019년 9월부터 시작하여 2020년 1월 42개 '시안라오쯔하오'西安老字號와 51개 '시안명물먹거리'西安名吃를 선정했다.

　'라오쯔하오'는 본래 역사가 깊고 전통이 있는 노포老鋪를 의미하는데, 1991년 당시 중국 국내상무부가 대중적 인지도, 우수한 품질과 중국의 고유문화를 지니고 있으며 중화 민족 문화의 고유한 가치를 담고 있다고 인정한 총 1,600여 개 업체에 대해 인증서를 주면서 시작되었다. 2006년 4

월에는 '중화 라오쯔하오 인증규범 시행세칙'을 발표하고 이에 맞는 업체를 재확인하는 과정을 거쳐 1,000개 업체에게 인증서를 부여했다. 이들은 평균 160년이 넘는 역사를 가지고 있으며, 요식, 양조, 의약, 공예미술, 가공제조 분야 등의 업체들인데 이중 식·의약품과 요식업이 차지하는 비중이 60% 이상에 달해 사실상 중국판 미쉐린 맛집 가이드라고 불린다. 베이징의 경우 베이징덕으로 유명한 취안쥐더全聚德의 오리구이, 달걀과 밀가루를 반죽해 설탕을 넣고 튀긴 다오샹춘稻香村의 과자 사치마沙琪瑪가 대표적인 라오쯔하오의 먹거리다.

- **700년 전통의 음식점에서 내놓는 빵의 원조 요리들**

시안시가 시안 먹거리 라오쯔하오를 선정하면서 한순간의 망설임도 없이 추천했다는 '라오쑨자'老孫家와 '판지라즈러우'樊記臘汁肉는 전통의 명가들이다. 이 두 곳은 '모'饃라는 중국식 찐빵을 활용한 원조 요리로 유명하다. '모'는 반죽한 밀가루를 뜨거운 증기로 쪄낸 만터우의 초기 형태로 발효 기술이 아직 생기지 않았던 과거에 화덕에서 딱딱하게 구워낸 빵의 일종이다.

청나라 광서제 때인 1898년 시안성 동문 근처에 문을 연 라오쑨자는 700여 년이 지난 지금까지 양고기 또는 소고기 국물에 모를 적신 파오모泡饃로 유명하며, 1928년 문을 연 판지라즈러우는 모의 속을 돼지고기로 채운 러우자모肉夾饃로 90년 넘게 시안 서민들의 사랑을 받아왔다.

라오쑨자의 파오모를 먹기 위해서는 우선 손을 깨끗하게 씻어야 한다. 주문을 하면 먼저 빈 그릇에 모가 1인당 두 개씩 나오는데, 국물에 충분히 적시기 위해서 손님들이 모를 직접 손톱 크기만큼 잘게 뜯어야 한다. 모는 발효시키지 않은 밀가루로 직접 구운 것이라 아주 단단해 잘게 뜯기 위해서는 시간과 공력이 필요하다. 다 뜯은 모를 종업원이 가져가서 부드러운 양고기 또는 소고기로 우려낸 고기 육수에 다시 끓여 나온다. 일단 모를 찢으면서, 또한 다시 찢은 모를 푸욱 삶을 때까지 시간이 넉넉하게 필요하기 때문에 많은 대화시간이 필요한 연인들에게 어울리는 음식이다.

3 음식 문화 여행 — 시안

1. 사치마 2. 베이징덕 3. 파오모 4. 만터우 5. 라즈러우자모

파오모는 오랜 전통의 역사만큼이나 그 유래도 호기심을 끈다. 송나라를 개국한 태조 조광윤이 웅대한 뜻을 펴기 전, 돌처럼 딱딱히 굳은 빵 한 덩어리만 가진 채 지금의 시안인 장안長安 뒷거리를 걷고 있었다. 이미 사나흘 굶은 조광윤은 한 식당에서 풍기는 양고기 국 냄새에 창피함을 무릅쓰고 구걸하다시피 해서 국물을 한 그릇 얻어 딱딱한 빵에 적셔 먹기 시작했다. 그가 허겁지겁 먹는 모습을 보던 식당 주인이 딱딱한 빵을 먹기 좋게 찢어 주었다고 한다. 이후 황제가 되고 나서 조광윤은 예전에 먹던 그 식당을 가서 양고기 국을 찾았다. 식당 주인이 감히 똑같이 만들지는 못하고 빵을 찢어 양고기탕에 푸욱 삶아 내온 것이 '파오모'의 시초라는 전설 같은 이야기가 전해진다. 송나라 960년 때이니 파오모는 천년이 훌쩍 넘는 유래 깊은 음식인 셈이다.

화려했던 당나라 시기 중국의 뛰어난 문화와 문물이 전해질 때, 실크로드의 출발지가 바로 시안이었다. 러우자모는 모 속에 넣는 재료에 따라 돼지고기를 주재료로 하는 산시성 지역의 라즈러우자모臘汁肉夾饃와 양고기를 주재료로 하는 닝샤회족자치구의 양러우러우자모羊肉肉夾饃가 유명하다.

판지라즈러우는 판핑런樊炳仁씨가 1925년에 개업하여 집안의 비법 육수에 조린 돼지고기 라즈러우臘汁肉를 모에 넣어 판매하면서 시작되었다. 라즈臘汁는 고기를 절이는 양념을 말하는데 사과, 양파, 생강, 정향나무, 계피나무 등 30가지 이상의 재료를 넣은 육수에 돼지고기를 하루 이상 푹 삶은 후, 삶은 고기와 육수 속의 재료를 함께 다져내어 고기 소를 만든다. 이 집에서 만든 라즈러우는 냉장고가 보급되지 않았을 때 여름에도 쉽게 상하지 않아 오랜 세월 많은 사람들의 사랑을 받았다. 비법은 라즈러우를 담아 파는 포장 상자 안에 돼지 피를 발라서 음식이 상하지 않게 되었다는 것인데, 판씨 집안이 이 포장 상자를 창안하게 된 이야기도 전설처럼 내려온다.

당나라 시절 가뭄이 들어 굶어 죽는 백성들이 생기자 판씨라는 고위 관료가 가산을 털어 그들을 돌봤고, 판 대신의 구호로 살아난 한 젊은이가 은혜에 보답하고자 80세가 넘은 판 대신의 관을 산초나무로 만들어 돼지고기 500근을 갖은양념으로 삶아 그 관 속에 밀봉한 채로 보냈다. 판 대신과 식솔들은 이 선물에 그다지 관심을 기울이지 않고 땔감 창고에 보관했다. 몇 년이 지난 후 관직에서 물러난 판 대신이 병으로 죽고 집안이 기울자 판씨 부인은 가재도구를 내다 팔면서 연명했는데, 더는 내다 팔 것도 없는 상황이 왔다. 판씨 부인은 창고 안에 처박아 두었던 예전의 그 젊은이가 보낸 나무관을 시장에 내다 팔려다 관 안에 가득 든 고기를 발견했다. 관 속에 몇 년 이상 묵혀 있던 돼지고기가 상하지 않고 오히려 좋은 향이 가득하고 빛깔이 선명한 채로 절여져 있었다. 판씨 부인이 그 고기를 시장에 내다 팔자 순식간에 다 팔렸고 너도나도 이 고기를 원하는 사람들이 많아졌다. 판씨 부인은 새 고기를 사서 관속에 가득한 라즈 육즙에 절여서 내다 팔기 시작했고 이때부터 판씨 집안이 만든 라즈 고기의 명성이 장안에 가득 퍼졌다. 이후 청 광서제 30년인 1904년 지금의 회족거리인 북원문 근처에 정육점을 낸 판빙런씨가 집안의 레시피로 만든 라즈러우를 팔았고, 1925년 베이징에서 요리를 배운 아들을 불러 음식점을 개업했다. 당시 그는 라즈러우자모를 사가는 손님들에게 돼지 피를 안쪽에 바른 등나무로 바구니를 만들어 음식을 넣은 다음 '판씨의 라즈러우'라고 표기한 종이로 밀봉해줬는데, 사람들 사이에 날씨가 더워도 상하지 않고 맛있는 라즈러우로 소문나면서 '판지라즈러우'^{판씨네 집안의 라즈러우}가 음식점 이름이 되었다.

● 하늘 아래 최고, 황제가 먹은 황제의 면

중국인들에게 '일양면작백양식'^{一樣麵作百樣食}이라는 말이 있다. 밀가루 한 가지로 백 가지 면식을 만들어 먹는다는 뜻이다. 밀이라는 한 가지 재료가 만두, 국수, 빵 등으로 다양하게 만들어진다. 국수만 해도 가늘고 굵은 것은 물론 좁다랗고 널찍한 것 등 굵기와 폭에 따라 나뉘고 또 나뉜다. 세계에서 밀 음식이 가장 발달한 나라로 평가받는 중국에서도 산시성은 면 요리의 고향으로 불리는 곳인데 이색적인 국수로 빵빵멘, 요우포멘, 사오즈멘, 포차이즈멘, 쏸탕멘 등 한 손으로 다 꼽기도 쉽지 않다.

시안의 면 중 빵빵멘은 일단 그 글자가 독특하다. '빵'이란 글자는 중국 간체자 기준으로 56~73획까지 쓰이면서 중국 한자 중 획수가 가장 많은 글자다. 일반 중국인들은 물론이고 빵빵멘의 고장 산시 사람들 중에서도 이 글자를 제대로 쓸 수 있는 사람이 몇 명 되지 않는다고 한다. 과거 시안이 장안으로 불리며 수도였던 시절, 과거를 보러왔다가 낙방하고 무일푼이 된 선비가 한 국수집에 들어가 국수를 먹고 음식 값 대신 이 글자를 써줬는데, 맛이 너무 좋아 생각나는 글자란 글자는 모두 들어가게 써줬다는 이야기가 전해진다. 중국을 통일한 진시황이 산해진미를 마다하고 매일같이 이 빵빵멘만 찾아 '진시황의 면'이라고도 불리는 전설의 면요리다. 2013년 2월 당시 타이완 집권당인 국민당의 렌짠^{連戰} 명예주석이 중국을 방문하여 시진핑 중국주석의 환대를 받았는데, 이 두 사람이 모두 산시성 출신이라 국빈 만찬에서 고향의 음식 러우자모, 파오모 그리고 빵빵멘을 3종 세트로 내놓았다. 두 사람은 서로 맛있게 고향 음식인 빵빵멘을 먹으면서 이 '빵' 자를 쓸 수 있네, 없네 하다가 두 사람 모두 종이에 직접 써 보이고는 웃음을 터뜨렸다. 이후 산시의 빵빵면은 14억 중국인들의 주목을 받기 시작했고, 그 인기는 시안의 '진시황릉'이나 '화산'에 버금갈 정도가 되었다.

면 국수는 요리사에 따라 그 레시피와 맛이 천차만별이기에 음식점을 잘 선택해야 하는데, 시안시가 라오쯔하오로 선정한 시안판좡'^{西安飯莊}과 '천하제일면'^{天下第一麵}을 찾으면 그 고유의 맛을 잘 느낄 수 있다.

시안판좡은 1929년에 설립되어 신중국 건립 전 시안의 최고급 음식점이었다. 중국 문단의 거두 궈모뤄가 가게 명판을 친필로 썼고, 저우언라이 총리는 "시안판좡의 요리는 맛있고 특색이 있으며 명성이 있다"라고 평한 바 있다. 산시의 역사를 맛보고 음식 문화를 느끼기 위해서 반드시 들러야 하는 산시 요리의 명가다. 값비싼 요리가 드문 산시 요리지만 시안판좡은 산시 요리를 대표하는 음식점이기에 가격이 만만치 않다. 자리를 잡고 메뉴판에 적힌 음식들의 가격을 보면 주눅이 들 수도 있으나 빵빵멘, 러우자모, 파오모 등 시안 특색 음식들은 그나마 시중과 비슷한 가격대라 마음 놓고

1. 제면 중인 요리사 2. 후루지 3. 빵빵몐 간판 4. 빵빵몐 5. 산시성 요리

주문할 수 있다. 주머니가 여유 있다면 이 집의 또 다른 시안 전통 닭요리인 후루지葫蘆雞를 추천한다. 후루지는 당나라 때부터 전해오는 산시 특산 요리다. 깨끗이 씻은 닭을 실로 묶어서 물에 삶고 양념해서 찐 다음 다시 기름에 튀기는 등 세 번의 조리과정을 거치는 닭 요리로 실로 묶은 닭의 모습이 조롱박葫蘆처럼 생겼다고 해서 '후루지'조롱박닭라는 이름이 붙었다.

천하제일면은 주머니가 가벼운 여행자들이 다양한 산시의 국수를 마음껏 맛볼 수 있는 곳이다. 산시 국수만의 특색인 쿠타이 면발로 만든 **뺭뺭멘, 유포멘, 샤오즈멘** 등 총 212개 메뉴가 있다. 한 가닥만으로 국수 한 그릇을 만들 정도로 넓고 굵은 면이 이 집의 특징인데, 면 한가락의 길이가 3.8m, 넓이가 6cm라고 한다.

- **포스트 코로나19 시대의 관광**

코로나19가 전 세계로 확산되면서 각국이 국경 문을 걸어 잠그고 모임과 행사조차 어려워지는 바람에 전 세계 관광업은 치명적인 타격을 입었다. 안정세를 찾더라도 이전처럼 대규모로 사람들이 유명 관광지를 다니는 대중 관광Mass Tourism 시대는 더 이상 불가능할 것이라는 우울한 전망도 나오고 있다.

포스트 코로나19 시대를 대비하기 위해서는 과거와 같은 관광형태를 벗어나 특정 고객층의 욕구를 충족시키는 콘텐츠를 확보해야 한다. 코로나19로 해외여행이 제한되기 전, 우리나라 입국 관광객 중 1위는 중국인이었다. '백성들은 먹는 것을 하늘로 여긴다'民以食爲天라는 말이 있을 정도로 중국인들은 음식에 지대한 관심을 갖고 있다. 중국뿐만 아니라 전 세계적으로 그 나라의 음식 문화를 체험하기 위한 먹거리 관광은 이제 여행의 주요 트렌드가 되었다.

우리나라도 2018년부터 중소벤처기업부의 주도로 백 년 이상 존속·성장할 수 있도록 육성하고, 성공모델을 확산하기 위해 다양한 업종에서 30년 이상 된 소상공인 및 소·중기업을 발굴하여, 그중 전문가가 평가를 통해 총

405개의 '백년가게'를 선정했다.

　아쉬운 것은 이런 제도가 널리 알려지거나 관광으로 연결되지 못했다는 점이다. 이제 건강하고 맛있는 우리의 먹거리와 특색있고 분위기 있는 음식점들을 중앙 정부뿐 아니라 지방 정부에서도 맛집으로 인증하고, 인증된 가게에서는 자기만의 스토리텔링을 개발해야 한다. 국내외 관광객들을 끌어모으기 위해 이를 '한국판 미쉐린 가이드'로 홍보하는 등 포스트 코로나 19 시대를 대비할 방안을 마련해야 한다.

홍콩

세계의 요리들이
모이는 도시

관광서비스인증제도와 와인·음식 축제 등

홍콩은 식도락을 사랑하는 여행자에게 천국 같은 곳이다. 광동 요리의 다채로운 조리법과 서양의 식재료가 만나 홍콩만의 독특한 음식 문화가 발달했고, 오랫동안 다양한 문화가 공존해 온 국제도시답게 세계 각국의 수준 높은 요리를 맛볼 수 있다. 실제로 홍콩인들은 식도락을 즐기는 편인데, 해외여행 목적지를 결정하는 가장 주요한 요소로 미식을 꼽을 정도로 먹는 것을 중요하게 생각한다. 덕분에 홍콩에는 파인 레스토랑부터 작은 노점까지 4만 개가 넘는 음식점이 있으며, 미쉐린 스타 레스토랑 중 50% 이상이 정통 프랑스, 이탈리아 레스토랑 같은 다국적 음식점이 포함될 정도로 메뉴 선택의 폭이 넓다. 홍콩 정부는 미식 도시로서의 장점을 극대화하고, 차별화된 브랜딩을 통한 외국인 관광객 유치를 위해 다양한 마케팅을 추진해 오고 있다.

- **홍콩 정부가 보증하는 추천 맛집, QTS 인증 식당**

홍콩 정부는 홍콩을 찾는 관광객의 여행 만족도를 높이고 검증된 관광서비스를 제공하고자 1999년부터 관광서비스인증제도 QTS$^{\text{Quality Tourism Service}}$를 운영해 오고 있다. 1999년 상점과 음식점에 대한 인증을 시작으로, 2006년 숙박업소로까지 제도를 확대했으며, 매년 엄격한 심사 평가를 통

1. QTS 인증 마크 (사진 출처: 홍콩관광공사 홈페이지) 2. 완탕면 3. 베이커리 카페 델리프랑스
4. 카페 로코모티브

해 엄선된 상점, 숙박업소, 음식점에 QTS 인증마크를 부여한다. QTS 제도가 우리에게는 생소할 수 있으나 홍콩에서는 미쉐린 스타만큼이나 신뢰도가 높다. QTS 인증마크를 획득한 음식점은 홍콩 정부의 심사를 거쳐 종업원, 친절도, 서비스 품질, 운영상태 등의 항목에서 엄격한 기준을 통과했음을 의미하기 때문이다. 홍콩 정부는 QTS 인증의 세 가지 대원칙인 '정직한 가격 표시', '정확한 상품 정보 제공', '최상의 고객 서비스 보장'을 기준으로 평가를 진행한다. 가게의 접근성, 위생 청결도, 맛, 메뉴의 종류와 표기, 식재료의 신선도, 서비스 품질, 지불 방식의 편의성, 허위광고 여부 등 매우 세부적인 부분까지 평가가 진행되며, 전체 평가점수가 60점을 넘어야 합격할 수 있다.

QTS 인증마크의 신뢰도가 높은 또 다른 이유는 엄격한 평가 기준과 더불어 암행 평가제와 벌점제에 있다. 홍콩관광공사는 QTS 신청 업체에 대하여 암행 방문 평가를 실시하는데, 실사 평가를 진행한 후 결과를 통보한다. 이때 평가 결과 보고서를 업체와 함께 공유하는데, 업체는 이 보고서를 통해 본인들의 취약점을 파악할 수 있으며, 불합격을 받은 업체는 이를 보완하여 6개월 내 다시 신청할 수 있다. 인증 업체에 대한 불만신고가 접수되면 사무국에서 직접 현장으로 암행 조사에 나서며, 불만신고 내용이 사실로 확인될 시 해당 업체에 벌점을 부과하고 누적 벌점이 8점 이상 될 경우 QTS 자격이 취소된다.

QTS 인증 기간은 1년으로 해당 업체는 매년 평가를 통해 자격을 갱신해야 한다. 그렇기에 장기간 QTS 자격을 유지하는 식당에 대한 소비자의 평가가 꽤 좋은 편이다. 홍콩관광공사는 장기간 QTS 인증을 유지해 온 업체에 각각 10년 연속, 15년 연속 인증마크를 부여하고, 홍콩관광공사 홈페이지에 해당 업체 정보를 게재하는 등 적극적으로 홍보해 준다. 2020년 기준 QTS 인증식당 484개 중 10년 연속 인증을 받은 식당은 24곳, 15년 연속 인증을 받은 식당은 5곳이다.

● 홍콩의 가을밤을 채우는 와인의 향연

매년 10월이 되면 홍콩에는 맛있고 우아한 가을이 찾아온다. 홍콩의 최대 미식 축제, '홍콩 와인과 음식 축제'$^{Hong\ Kong\ Wine\&Dine\ Festival}$가 열리기 때문이다. 홍콩관광공사가 주관하고 중국건설은행이 메인 스폰서로 참여하는 홍콩 와인과 음식 축제는 매년 10월 말 나흘간 개최되며, 이 시기가 되면 홍콩 센트럴 하버 일대가 와인을 사랑하는 세계 각지의 여행객들로 북적인다.

2008년 홍콩 정부가 알코올 도수 30도 이하인 와인에 대한 주세를 폐지하면서 전 세계 고급 와인이 홍콩으로 모이기 시작했고, 와인 판매 등급제 등 정부의 와인 품질 향상 노력 덕분에 홍콩의 와인 산업이 빠르게 발전했다. 덕분에 홍콩 와인과 음식 축제는 10년 남짓한 짧은 역사에도 불구하고 2016년 총 14만 5천 명이 방문하는 대형 축제로 성장했고, 미국 경제잡지 「포브스」^{Forbes}가 선정한 세계 10대 미식 축제로 꼽히는 등 세계적인 축제로 자리매김했다.

축제 기간이 되면 빅토리아 하버 산책로를 따라 400개 이상의 와인 부스와 음식 부스가 들어서는데, 각 부스에서 세계 각지의 고급 와인과 미쉐린 셰프가 선보이는 요리를 맛볼 수 있다. 각종 테마 체험 구역, 콘셉트 스토어, 엔터테인먼트 구역이 함께 조성되고, 축제 내내 다양한 재즈공연이 함께 펼쳐진다. 축제 참가자는 입장료를 내고 입장할 수 있으며, 미리 구매한 토큰으로 각 부스에서 와인 시음과 시식이 가능하다. 이와 별도로 와인 패스를 구입하면, 입장권을 포함하여 무료 와인 시음권, 음식 쿠폰과 함께 크리스탈 와인잔이 증정된다. 2018년에는 축제 10주년을 맞이하여 더욱 풍성한 이벤트로 채워졌는데, 해외에서 초청한 다섯 명의 미쉐린 셰프가 와인과 잘 어울리는 요리를 선보이는 '테이스팅 룸'$^{Tasting\ Room}$, 해외 일곱 개 지역의 길거리 음식을 맛볼 수 있는 '인터내셔널 스트릿 잇츠'$^{International\ Street\ Eats}$, 최고의 바리스타와 제빵사들이 선보이는 디저트 구역 '커피 피에스타'$^{Coffee\ Fiesta}$ 등 다양한 체험 구역으로 축제의 재미를 더했다.

홍콩 와인과 음식 축제

나흘간의 축제가 막이 내리고 나면 홍콩 전역은 또 한 번 맛있는 음식 축제에 접어든다. 홍콩의 유명 레스토랑의 수준 높은 요리를 저렴한 가격에 즐길 수 있는 '그레이트 노벰버'The Great November Feast가 11월 한 달 내내 이어진다. 축제 기간 미쉐린 셰프 스타 식당을 비롯한 100개 이상의 레스토랑에서 한정 특별 메뉴와 할인 혜택을 제공하며, 홍콩 전역에서 미쉐린 다이닝 위크, 칵테일 이벤트, 란콰이펑 스트리트 카니발 등 다양한 축제 프로그램을 즐길 수 있다.

- **현지인처럼 즐길 수 있는 푸드 투어**

조금 더 특별한 미식 체험을 하고 싶다면 현지인 가이드가 동행하는 로컬 푸드 투어를 추천한다. 외식이 보편화된 홍콩은 다양한 길거리 음식이 발달했는데, 현지인과 함께하는 푸드 투어를 통해 생생한 먹방 체험을 할 수 있다. 10명 내외의 소규모 인원으로만 진행되는 이 투어는 반나절 동안 차찬텡茶餐庭, 찻집 체험을 비롯하여 홍콩의 로컬 음식 대여섯 가지를 체험할 수 있다. 홍콩의 가장 서민적인 장소 차찬텡에서 따뜻한 소보로빵에 버터를 끼운 파인애플 번과 진한 밀크티를 맛보고, 뭉근하게 끓여 낸 콘지홍콩식 쌀죽 한 그릇과 청펀腸粉, 딤섬의 일종, 마지막으로 홍콩식 에그와플을 후식으로 즐기고 나면 마치 내가 홍콩 현지인이 된 것 같은 기분이 든다.

홍콩관광공사는 이 외에도 홈페이지를 통해 다양한 미식 투어 상품을 소개하고 있다. 미쉐린 스타 레스토랑의 고급 정찬을 포함한 고급 다이닝 상품, 홍콩의 주요 아트 갤러리와 카페를 둘러보는 커피 앤 뮤지엄 투어, 홍콩의 핫플레이스 란콰이펑의 크래프트 맥주를 즐기는 비어 투어 등 여행객의 다양한 취향과 욕구를 충족시켜줄 프로그램이 준비되어 있다. 틀에 박힌 관광코스와 누구나 가는 맛집이 식상해졌다면, 홍콩 현지인의 일상을 있는 그대로 체험할 수 있는 푸드 투어에 참여해 보는 것도 좋은 방법일 것이다.

1. 청펀 2. 콘지 3. 홍콩식 에그와플 4. 란콰이펑 표지판 5. 란콰이펑 축구축제

3 음식 문화 여행 —— 홍콩

1. 우유푸딩 2. 따뜻한 소보로빵에 버터를 끼운 파인애플 번 3. 딤섬
4. 에그타르트와 라떼 5. 먹거리를 찾는 사람들

- **음식 관광의 중요성**

    음식은 이제 단순한 먹거리를 넘어 그 지역의 문화와 역사를 투영하는 매개체로써 그 중요성이 더욱 부각되고 있다. 홍콩은 음식 관광이 향후 관광산업을 이끌어갈 핵심 콘텐츠임을 인지하고, 인증제 도입을 통한 표준 마련, 관광 프로그램 다양화, 킬러 콘텐츠 육성 등 다각적인 노력을 기울인 결과, 세계적인 미식 도시로 자리 잡았다.

    음식 관광의 중요성은 우리나라도 예외가 아니다. 2019년 외래객 실태조사에 의하면 방한 외래객의 주요 활동 중 식도락 관광이 76.8%를 차지할 만큼 그 비중이 높다. 한국 음식은 다채로운 종류와 맛에서 높은 평가를 받고 있으나 아직까지 국제적인 인지도와 브랜드가 약한 것이 현실이다. K-Pop과 K-Movie, K-Beauty로 새로운 한류 열풍을 맞이하고 있는 지금, 매력적인 식도락 여행지로 도약하기 위한 준비와 노력이 필요한 때이다.

Part 3 새로운 여행법

도시에서 소확행을 즐기다

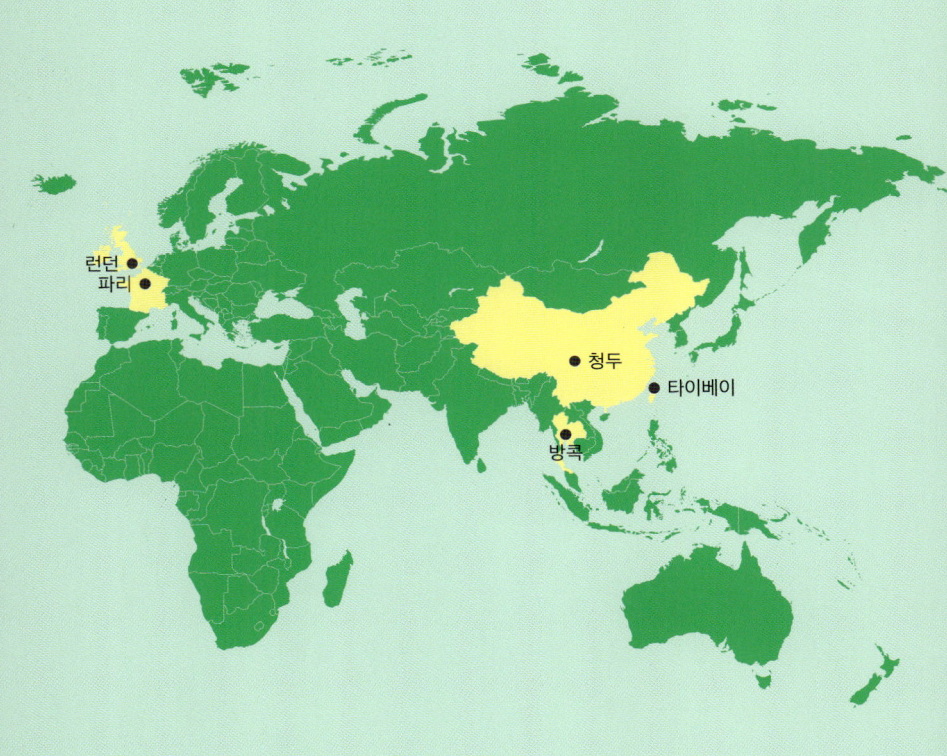

인류는 늘 '새로움'을 추구해 왔다. 경쟁과 개발의 시대에 '새로움'은 무기나 다름없었다. 하지만 무조건 새롭게 개발하는 시대는 지났다. 이제는 이 '새로움'을 다른 측면에서 바라봐야 한다. 전통과 혁신의 공존, 자연과 인간의 공존, 지역주민과 관광객의 공존 등을 염두에 두고 '새로움'을 추구해야 한다. 익숙한 일상을 벗어나 새로운 것을 보고 느끼기 위해 우리는 여행을 떠난다. '새로운 여행 체험'을 위해 여러 문화권에서 시도되고 있는 다채로운 여행법들을 소개한다.

1

도시의 재발견

파리
뉴욕
런던
방콕
청두

인류의 역사는 도시 건설의
역사라고 해도 과언이 아니다.

그렇기에 도시에는 전통과 혁신이 공존한다.

익숙한 것들을 새롭게 바라봄으로써
더 오래 빛이 나도록 하는 것.

이것이 지속 가능한 도시를 위한
작은 발걸음의 시작이 아닐까.

파리

관광 속에 어우러지는 스포츠와 문화

마라톤 'Run My City'

　프랑스 파리의 중심부인 시청 광장. 심장박동을 빠르게 뛰게 하는 빠른 비트의 음악과 함께 도시를 달릴 마라토너들의 얼굴이 보인다. 마라톤 대회라면 으레 있을 법한 보호대 같은 장비도, 경기를 앞둔 초초한 긴장감도, 일분일초를 다투는 기록 경쟁도 없다. 대신 한 손에는 카메라, 다른 한 손에는 러닝메이트로 달릴 가족, 친구, 연인의 어깨를 잡고 '셀카'를 찍는 참가자들만이 가득하다. 바로 매년 봄, 프랑스 파리에서 개최되는 이색 마라톤 'Run My City'의 풍경이다.

　마라톤 'Run My City'는 프랑스의 글로벌 아웃도어 브랜드 살로몬Salomon이 파리시의 협조를 받아 2017년 3월에 시작된 이래 2019년까지 매년 개최되었다.¹ 2017년 4천 명의 마라토너로 시작하여 2018년 7천 명, 2019년 1만 명에 이르기까지 해를 거듭할수록 참가자 수가 눈에 띄게 증가하고 온라인 사전 예약 경쟁이 점점 치열해졌다. 많은 사람들이 이 마라톤에 관심을 가지게 된 이유가 뭘까? 어떤 매력이 사람들을 끌어모을까?

● **스포츠와 문화가 관광 속에 어우러지는 이색 마라톤**

　마라톤 'Run My City'는 9km, 15km의 두 가지 여정으로 나뉘며, '달

---
1 2020년 5월 17일에 열릴 예정이던 제4회 마라톤은 코로나19 확산으로 취소되었다.

1 도시의 재발견 ── 파리

Run My City 2019 (사진 출처 : www.sortiraparis.com)

Run My City 2019 (사진 출처 : www.sortiraparis.com)

리기 코스'라는 단어 대신 '문화 또는 발견 코스'라는 용어를 사용한다. 20여 개의 랜드마크, 문화유적, 관광지를 경유하며 도시를 발견하는 새로운 형태의 여행인 셈이다. 또한 두 코스의 참가비는 참가 인원을 기준으로 1인, 2인, 4인 티켓으로 나뉜다. 인원 수가 많을수록 저렴해지며, 9km는 22~27유로^{약 3만~3만 6천 원}, 15km는 32~37유로^{약 4만 3천~5만 원}로 책정된다. 마라톤 참가비라고 하지만, 파리 박물관 패스가 57~132유로^{약 7만 6천~17만 6천 원}임을 감안할 때 일종의 할인된 '뮤지엄 패스'라고 볼 수도 있다.

시작지는 파리 중심에 위치한 시청^{Hotel de ville} 앞 광장이다. 신나는 리듬에 맞춰 박수를 치고, 강사를 보며 몸을 이완시키는 간단한 준비 운동으로 시작한다. 과거 파리의 중앙 노천시장이던 곳에 새로 지어진 현대적 건물의 대형종합쇼핑센터 포럼데알^{Forum des Hall} 실내를 지나, 영화「다빈치코드」의 주요 촬영 장소인 루브르 박물관 피라미드 앞을 달린다. 루브르 박물관 서쪽 문을 통해 나가면 다니엘 뷔렌의「두 개의 고원」조형물로 SNS에서 핫플레이스가 된 왕궁정원 팔레 루아얄^{Palais Royal}에 다다른다. 참가자들은 기록을 갱신하기 위해 쉼 없이 달리기보다는 크고 작은 흑백의 스트라이프 조형물 위에 올라가 균형 감각을 시험해 보기도 하고 인증샷을 찍기도 한다.

다시 대로를 따라 10여 분 달리면, 가스통 르루의 소설「오페라의 유령」의 배경이며 화려한 파리를 닮은 건축물인 '오페라 가르니에'^{Opera Garnier} 극장이 마침내 마라톤 경기장으로 변신한 모습을 볼 수 있다. 평소라면 이브닝드레스와 하이힐, 나비넥타이와 구두가 어울릴법한 19세기 보자르^{Beaux-Arts} 양식의 극장이 이날만큼은 운동복을 입고 조깅화를 신은 사람들로 가득하다. 빛의 화가 마르크 샤갈이 그린 유일한 천장화로도 유명한 오페라 가르니에 극장에 입장하려면, 평균 100유로^{약 13만 4천 원} 이상의 발레 또는 오페라 공연을 관람하거나 실내 건축물을 둘러보는 14유로^{약 1만 9천 원}의 입장권을 구매해야 하지만 이날만큼은 자유롭게 관람할 수 있다. 이미 Run My City 참가비에 포함되어 있기 때문이다. 오페라 가르니에뿐만이 아니다. 정숙을 유지해야 하는 프랑스 국립도서관도, 파리 화폐박물관도, 파리 무도회 물랑루즈도, 영화관, 소극장, 기차역도 이날만큼은 엄연히 마라톤 경기장이 된다.

후반부에 이를수록 볼거리가 풍성해진다. 경기장 중 하나인 고등학교에 들어서면 동아리 학생들이 마라토너들을 응원하고, 소극장에서는 가스펠 공연이 진행된다. 클래식 공연, 힙합 댄스, EDM, 재즈에 이르기까지 장면이 전환될 때마다 각양각색의 음악 공연이 펼쳐진다. 스포츠와 문화, 예술이 만나는 순간이다.

파리 시내를 한 바퀴 돌고 나면 시작 지점이자 동시에 도착 지점인 파리 시청 광장에 다시 다다르게 된다. 조금이라도 먼저 결승점에 골인하기 위해 손발을 쭉 뻗어 들어오는 대신 대부분의 참가자들은 약속이라도 한 듯 일렬로 줄을 맞춰 나란히 들어온다. 손을 잡고 들어오는 참가자, 하늘 높이 껑충 점프하며 들어오는 참가자 등 어떤 모습이든 모든 참가자들이 함박웃음이 핀 얼굴로 들어온다.

마라톤 'Run My City'는 도시 전체가 경기장이 될 수 있는 만큼, 해마다 코스가 조금씩 바뀐다. 어느 해에는 몽마르트 언덕이 경기장이 되기도 하고, 어느 해에는 유네스코 본부가, 어느 해에는 로댕 미술관이 경기장이 되었다. 파리가 낯선 관광객들에게 도시를 여행하는 이색적인 방법을 제공하는 것, 더불어 파리가 익숙한 이들에게 새로운 방식으로 파리를 보여주는 것. 이 점이 'Run My City'의 성공 요인이자 매력 포인트가 아닐까 생각한다.

- **전통과 현대의 도시 '서울'을 발견하는 새로운 방법**

스포츠와 문화, 예술이 관광 속에 하나가 되는 이색적인 이 마라톤을 우리나라에 적용하면 어떨까? 산수가 풍경이 되고, 궁과 고층건물을 '한 컷'에 담을 수 있는 전통과 현대의 도시 '서울'을 발견하는 새로운 방법이 될 것으로 확신한다. 광화문 길을 따라 경복궁을 경유하고, 창덕궁 비원을 거쳐 혜화동으로 이어지는 길을 따라 달리며 곳곳에 숨겨진 공원과 극장을 방문하고 다채로운 음악과 함께하는 마라톤을 충분히 기획해 볼 수 있다. 비단 수도 서울뿐만이 아니라 부산, 경주, 제주 등 문화유산과 자연유산이 풍부한 관광지로 확대시킬 수도 있고, '한양도성 달빛 기행' 시즌과 연계하여 '달빛 마라톤'도 개최할 수 있다. 멈춰 있는 도시가 아닌 '달리는 도시'를 목표로 말이다. Run Our City, 도시야 달려라!

뉴욕

지하철에 숨어 있는
보석을 만나다

옛 시청역 투어

　세계 최고의 경제와 문화 도시로 이름 높은 미국의 뉴욕. 빽빽한 초고층 빌딩이 숲을 이루고 있는 만큼 세계에서 유동인구가 가장 많은 도시로도 유명하다. 지하철은 이러한 뉴욕 시민들의 발걸음이 되어 주는 최고의 교통수단이다. 1904년 최초로 개통하여 100년 이상 운행된 뉴욕 지하철에는 더 이상 사람들의 접근이 허용되지 않는 역사적인 관광명소가 숨어 있다. 바로 1904년 10월 27일 뉴욕 지하철 최초 개통식이 열렸던 '시청역'이다. 어느 도시든 중심이 되고 유동인구가 가장 많은 '시청역'이 어쩌다 사람들의 발길이 끊긴 숨겨진 명소가 되었을까.

● **지하에 숨겨진 보석 같은 뉴욕 시청역**

　현재 총 노선 길이 800마일(1,287km), 472개 역, 1일 최대 이용객 수 500만 명 규모로 성장한 뉴욕의 지하철은 1904년 개통 당시 노선 길이 9.1마일(14km), 28개 역, 1일 최대 이용자 40만 명 규모로 설계되었다. 미국에서는 보스턴에 이어 두 번째 지하철이었지만, 뉴욕은 당시 세계 최고로 성장하는 도시였기 때문에 개통 자체에 큰 의의가 있었다. 그리고 그 중심인 시청역 지하철은 다른 어떤 역보다 아름답고 웅장하게 건설되었다. 플랫폼의 천장을 큰 아치형으로 만들고, 수십 개의 정교한 스테인드글라스 채광창을 천장에 설치하여 자연광이 형형색색 역사 안을 밝히게 했다. 내부는 전체적으로 에메랄드 색상 타일로 장식했고, 여러 개의 금빛 샹들리에가 역 전체를 밝혀주었다. 개통 당시 전문 건축가가 미관을 고려하여 설계한 역은 시청역이 유일했다. 이렇게 공을 들인 만큼 개통식도 화려하게 개최되었다. 뉴욕시장을 비롯하여 건축가, 뉴욕의 재력가들이 참석했으며, 세계적인 고층 건물과 함께 성장하는 뉴욕을 한층 더 발전시켜 줄 역사적인 행사였다. 땅속에서 운행되는 열차가 생긴다는 기대로 뉴욕 시민들의 관심도 상당했으며, 뉴욕의 모든 경찰이 안전관리에 동원될 만큼 개통식은 큰 관심 속에 거행되었다.

뉴욕에서 가장 공을 들여 건축한 시청역은 안타깝게도 1945년 12월 31일 폐쇄되고 말았다. 역사적이고 아름다운 공간이 폐쇄된 이유에는 여러 가지가 있다. 우선 급행열차 노선이 시청역을 지나지 않게 되면서 사람들은 급행열차 이용이 가능한 인근의 브루클린브릿지역으로 걸어가 이용하는 경우가 많아졌다. 또한 시청역의 플랫폼은 상당히 굽은 곡선으로 만들어졌는데, 점차 열차의 길이가 길어지면서 이러한 곡선 플랫폼으로는 열차가 통과하기 어려워졌다. 이 곡선 플랫폼으로 인해 승강장과 열차 사이의 간격이 넓어 승객의 안전에도 위협이 되었다. 5칸 차량의 열차까지 이용 가능하도록 설계된 플랫폼은 점차 길어지는 열차를 감당하지 못하게 되었다. 이러한 이유들로 인해 뉴욕시는 시청역을 폐쇄하기로 결정했다.

- **관광상품으로 활용되는 시청역 역사**

이후로 시청역은 잊혀졌지만, 차차 이를 새롭게 활용하기 위한 많은 방법들이 시도되었다. 1980년대에는 뉴욕시장이 레스토랑으로 오픈할 것을 제안했지만, 시청 건물 바로 아래에 위치했기 때문에 안전상의 이유로 뉴욕 경찰의 반대에 부딪혔다. 1995년 4월, 뉴욕교통박물관이 연방정부의 지원을 받아 '뉴욕 지하철의 첫날'이라는 투어 장소로 시청역을 활용하기 시작했으나 1998년 테러의 위협이 증가하면서 이 투어는 몇 년간 중지되었

타일로 장식된 시청역 역사

1. 시청역 터널 2, 3. 시청역을 투어하는 사람들 (사진 제공 : Paul Shin)

다. 그러다가 2006년부터 다시 투어가 시작되었으며, 현재는 뉴욕교통박물관의 유료회원만을 대상으로 사전 예약을 통해 관람이 가능하다. 그러나 회원이라고 해서 언제든 투어가 가능한 것은 아니다. 1년에 세 차례뿐인 투어 일정이 정해지면 회원들에게 안내 이메일이 발송되고, 선착순으로 원하는 일정에 예약을 완료해야만 참가할 수 있다. 이렇게 번거로운 과정을 거쳐야 하지만 투어 이름이 '최고의 보석: 구 시청역'Jewel in the Crown: Old City Hall Station인 걸 보면, 뉴욕의 지하철 속에 숨어 있는 가장 매력적인 보석을 만날 수 있는 시간임에는 틀림없다.

시청역 투어는 인근의 브루클린브릿지역에서 시작된다. 가이드와 함께 브루클린브릿지역 플랫폼으로 내려가면 특별 열차가 들어온다. 이 열차를 타고 천천히 가다 보면 뉴욕의 다른 지하철역과는 풍경이 다른 아름다운 역사가 나타나고, 열차가 멈추면 투어에 참가한 사람만 내리게 된다. 그리고 자유롭게 시청역 내부를 둘러볼 수 있는데, 관람 시간은 단 20분이다. 그러나 역사 자체가 크지 않고 구조가 단순해서 전체를 둘러보는 데 시간이 오래 걸리지 않는다. 타일로 예쁘게 장식된 'City Hall'이라는 글자, 둥글고 높은 천장, 거미줄과 먼지로 뒤덮였지만 아직 형체를 알아볼 수 있는 샹들리에, 많이 부서지고 낡은 천장의 스테인드글라스, 지하철 개통을 기념하여 제작된 동판 등 고풍스러운 아름다움이 시청역 곳곳에 남아 있다. 관람 기회가 적은 것이 아쉽기는 하지만, 다른 박물관처럼 언제든 누구나 들어올 수 있는 공간이 아니기 때문에 이 투어가 한층 특별하게 느껴진다.

시청역은 그 역사성과 희소성으로 할리우드 영화의 소재로도 여러 번 사용되었다. 영화 「닌자 거북이」에서 거북들의 아지트로 그려졌으며, 영화 「신비한 동물사전」에서도 격투 장면의 배경이 되었다. 사실 실제 현장이 아니라 똑같이 제작한 스튜디오에서 촬영하긴 했지만, 그만큼 시청역의 역사성과 상징성이 높아 영화의 소재로 활용된 것이다.

누구나 인생에 한 번쯤 가보고 싶어 하는 도시 뉴욕에서도 특별한 역사를 담고 있는 시청역은 이렇게 관광객을 위한 숨겨진 명소가 되었다. 누구나 할 수 있는 투어가 아닌 색다른 경험을 원하는 관광객에게 뉴욕 발전의 역사歷史를 돌아볼 수 있는 시청역 투어는 그 의미가 남다를 것이다.

● **복합문화예술 공간으로 거듭난 옛 '서울역' 투어**

우리나라에도 역을 둘러보는 투어가 있다. 바로 옛 서울역 투어다. 서울역은 한국의 가장 대표적인 역이며 우리나라 근현대사의 희비가 교차하던 곳이다. 1900년에 목조 건물인 '남대문 정차장'으로 지어졌다가 일제강점기 때 일본이 물자유통을 위해 3년간의 공사 끝에 1925년 '경성역'으로 새로 지었고, 1947년에 '서울역'으로 명칭이 바뀌었다. 2004년 새로운 역사의 완공으로 폐쇄되었다가 2009~2011년 동안 진행된 경성역 원형복원 공사를 통해 지금의 복합문화예술 공간인 '문화역 서울 284'가 되었다. 월요일을 제외하고 하루 두 차례 도슨트 투어를 진행하고 있으며, 다양한 전시와 공연 프로그램도 관람할 수 있다. 주말에는 꼭 사전 예매를 해야 한다. 복원 과정을 자세히 남긴 자료실과 처음 지어진 당시 모습을 그대로 재현한 매표소, 대합실 등을 구석구석 자세히 볼 수 있고, 사진 자료들이 풍부하게 전시되어 있어 일제강점기 때의 역사를 되돌아볼 수 있다. 또한 각종 공연과 전시가 활발하게 진행되는 복합문화예술 공간으로 활용되어 예술가들에게는 창작과 발표의 공간이자, 시민들에게는 문화예술 향유의 공간이 되었다.[1]

유동인구가 많은 역 중 하나인 신도림역 역사 내에는 지역 주민과 예술가가 자유롭게 드나드는 휴식처이자 작업 공간으로 활용되고 있는 '문화철도 959'가 있다. 별도로 진행되는 투어는 없지만 일요일을 제외하고 평일에는 오전 10시부터 저녁 8시, 토요일은 6시까지 열려 있어 언제든 이용이 가능하다. 숫자 '959'는 구로구를 의미하는데, 유휴공간 및 지역 경제 활성화를 목적으로 구로구와 구로문화재단, 예술가 단체 토카아트가 함께 기획했다고 한다. 아이를 위한 키즈 카페를 비롯해 예술가를 위한 예술 창작소

---
[1] 현재는 코로나19로 인해 투어가 잠시 중단된 상태이며 온라인 상에서 짧은 영상으로 소개되고 있다.

1 도시의 재발견 —— 뉴욕

1. 서울역 광장 2. 문화역 서울 284

및 문화 교실로 구성되어 있다. 예술 창작소는 작가의 공방으로 사용되며, 문화 교실은 입주 작가들이 미술 교육 강의를 진행하거나 지역 주민이 커뮤니티 활동을 할 수 있는 다목적 공간으로 활용되고 있다.

우리나라에는 역사적으로 의미 있는 도시와 건축물이 많다. 이를 소개하는 몇몇 투어들이 있지만, 내국인들은 물론 외국인들에게까지 잘 알려진 투어는 별로 없는 것 같다. 주요 건축물들을 연계해 그 도시를 탐방하고 역사까지 되짚어보는 소규모 투어를 더 많이 기획한다면 내국인들에게는 새로운 경험과 과거로 시간 여행을 할 기회가 되고, 외국인들에게는 우리나라와 해당 도시를 홍보할 수 있는 기회가 될 것이다.

런던

숨어 있는
의학 스토리를 발견하다

의학 명소 투어

    코로나19의 공포가 전 세계를 휩쓴 2020년의 상황은 19세기 수백만 명의 목숨을 앗아갔던 콜레라를 떠올리게 한다. 166년 전, 콜레라로 인해 영국 런던 시내에서 수백 명의 사람들이 목숨을 잃던 그때, 영국인 의사 존 스노우는 새로운 접근으로 콜레라의 원인을 찾아내고자 했다. 많은 사람들이 악취가 나는 공기를 통해 콜레라에 감염된다고 믿던 당시에, 그는 런던 내 콜레라 발병지역을 지도에 일일이 표시해가며 마침내 콜레라의 진짜 원인을 오염된 우물에서 찾아냈다. 존 스노우는 그 오염된 우물 펌프를 즉시 뽑아버렸고, 이는 상하수도 시설 및 공중위생의 선구적인 사건이 되었다. 그뿐 아니라 영국의 존경받는 간호사이자 백의의 천사로 유명한 플로렌스 나이팅게일은 크림전쟁 중 병원 일일 상황을 통계화하여 병원 위생 상태를 개선하기도 했다.

    이처럼 데이터 및 통계를 근거로 전염병을 예방하거나 방역하는 '역학'^{Epidemiology}의 출발지를 영국이라고 봐도 과언이 아니다. 더불어 잉글랜드 최초 의대인 왕립의과대학은 1518년 헨리 8세에 의해 설립되어, 500년이 넘는 역사를 자랑한다. 영국의 이러한 의학 및 의료 역사의 특수성을 관광에 접목한 '의학 명소 투어'^{Medical Tour}는 대중에게 잘 알려지지 않은 의학 스토리를 통해 지식과 교양을 한층 높일 수 있는 기회로 관광객의 이목을 끈다.

- **등불을 든 여인, 나이팅게일이 직접 들려주는 이야기**

　백의의 천사 플로렌스 나이팅게일이 나타나 직접 박물관을 안내해준다면 어떤 느낌일까? 플로렌스 나이팅게일 박물관은 런던 세인트 토마스 병원St. Thomas Hospital 내에 위치하여 영국의 간호사, 병원, 의료제도 개혁자인 나이팅게일의 역사적 중요성을 더욱 실감하게 한다. 세인트 토마스 병원은 나이팅게일이 전쟁에서 활약하고 돌아와 1860년에 간호학교를 세운 장소이다. 나이팅게일이 활동한 그 장소에서 나이팅게일 복장을 한 가이드를 만난다면, 실제 나이팅게일이 살아 돌아온 것과 같은 착각이 들 정도로 생생한 재미와 즐거움이 더해질 것이다.

　나이팅게일 가이드를 따라가다 보면 나이팅게일의 활약상, 크림반도에 간 이유 등에 대해 자세히 들을 수 있다. 또한 나이팅게일이 터키 야전병원에서 실제 사용했던 약통과 등불을 볼 수 있는데, 그동안 우리가 책이나 그림에서 보던 깔끔한 등불과는 전혀 다른, 낡은 터키식 등불의 모습에 더욱 흥미를 느끼게 된다. 입장료는 성인 9파운드약 1만 3천 원, 학생 6파운드약 9천 원이며 나이팅게일 가이드 투어는 입장료에 포함되어 있다. 매주 토요일 총 3회 30분간의 투어가 이루어지며, 매표소에서 예약이 가능하다. 이 투어는 특히 어린 학생들에게 큰 인기를 얻고 있다.

- **아주 멋진 동네에서 블루 배지 가이드와 발견하는 의학 역사**

　전직 웨스트민스터 병원 간호사이자 영국 공인 블루 배지Blue Badge[1] 투어 가이드와 함께 런던 속 의료 역사의 흔적을 발견할 수 있는 투어도 있다. 역사적 장소라고 하면 박물관이 밀집한 조용한 동네를 상상했겠지만, 블루 배지 가이드의 투어는 런던에서 가장 시끌벅적한 소호Soho에서 시작한다. 소호는 젊은 사람들이 많이 찾는 의류 매장, 식당, 술집 등이 밀집한 구역

1　블루 배지(Blue Badge) 투어 가이드는 영국관광공사(Visit Britain) 및 지역관광청의 공인을 받은 영국 최고 수준의 관광 가이드로, 영국 주요 관광명소에서 가슴에 '전문성'을 상징하는 파란색 배지를 달고 투어를 진행한다. 블루 배지 가이드가 되기 위해서는 약 18개월간의 관광안내사협회(Institute of Tourist Guiding)의 훈련 과정과 다수의 시험을 통과해야 한다.

1 도시의 재발견 — 런던

1. 나이팅게일 가이드 2, 3, 4. 나이팅게일 가이드 투어중인 사람들

으로 활기찬 기운이 가득한 곳이다. 젊음이 가득한 이 멋진 동네에서 몇 세기 전 역사의 흔적을 발견할 수 있다는 것만으로도 충분히 매력적인 투어이다.

투어는 런던의 17~18세기 이야기부터 해부학의 선구자인 윌리엄 헌터^{William Hunter}가 설립한 해부학 학교, 콜레라 원인 최초 발견자인 존 스노우의 이름을 딴 술집을 소개하는 것부터 시작한다. 참가자들은 소호를 거쳐 템즈 강변을 따라 다양한 각도에서 런던을 만끽하며 의학 역사 지식까지 쌓을 수 있다. 참가비는 1인당 10파운드^{약 1만 5천 원}이며 90분간 진행된다. 의학 전문가를 포함하여 의학에 대한 지식이 전무한 일반인도 만 12세 이상이라면 쉽게 이해할 수 있는 맞춤형 투어이다. 이 투어는 가이드에게 직접 이메일을 보내야 예약이 가능하다.

● 아무도 알려주지 않은 숨겨진 의학 스토리

영국 최초의 의학 대학인 왕립의과대학은 투어 전문 파트너인 디스커버 메디컬 런던^{Discover Medical London}과 연계하여 다양한 주제의 의학 도보 투어를 운영한다. 웨스트민스터 전문 가이드가 이끄는 투어를 따라가다 보면 책에서도 볼 수 없던 영국 의학의 숨은 비밀 같은 흥미로운 이야기를 들을 수 있다. 최초로 의사 자격을 얻은 여성, 의사와 간호사를 자주 등장시키던 옛 로맨틱 영화, 1666년 런던 대화재 당시 의사들의 도시 재건 활동, 학생 교육용으로 갓 죽은 시신이 필요했던 시기의 시체 도둑과 저명한 해부학자 이야기까지 자극적이고 으스스해질 이야기들이 무척 풍부하다.

투어 프로그램은 매주 금요일 정기 투어와 매주 목요일 프라이빗 투어로 나뉜다. 정기 투어는 오후 2시부터 시작하며 참가비는 1인당 12.5파운드^{약 1만 9천 원}로 웹사이트를 통해 예약이 가능하다. 프라이빗 투어는 목요일 오후 2시에 시작하며 신청 인원에 따라 프로그램 및 참가비가 달라진다. 이메일로 사전 예약을 받으며 신청시 원하는 프로그램에 대해 미리 요청하면 가이드가 맞춤형 코스를 준비해준다.

- **거대한 보물 창고, 박물관에서 발견하는 의학 이야기**

　런던에는 거대한 보물 창고와도 같은 박물관들이 많이 있어서 일정이 짧을 경우 선택하기가 쉽지 않다. 영화 「박물관이 살아 있다」의 촬영지인 대영박물관에서 '박물관에서 만나는 의학'^(Medicine at the Museum) 투어를 통해 마치 의학 이야기의 주인공이 되어볼 수도 있다.

　대영박물관 속 고대이집트인 매장지, 빅토리아&앨버트 박물관에서 찾는 페르시안 황제의 이발사 겸 외과 의사^(Barber Surgeons) 이야기, 내셔널갤러리에서 보는 르네상스 시대 유명 의사 가문 이야기, 임페리얼 전쟁 박물관에서 듣는 서부 전선 살인현장에 대한 이야기들을 전문 가이드를 통해 들을 수 있다. 이렇게 박물관에서 의학의 흔적을 찾다 보면 의학이 인류 역사와 얼마나 밀접하게 연결되어 왔는지 실감할 수 있다. 가이드 투어는 최단 90분부터 전일 투어까지 다양한 형태로 진행되며, 참가비는 1인당 10파운드^(약 1만 5천 원)부터 시작된다. '런던 건강과 의학 박물관'^(London Museums of Health & Medicine) 웹사이트 및 이메일을 통해 예약할 수 있다.

- **성공적인 역학조사 및 우수한 K-방역을 활용한 의료 관광**

　코로나19 사태로 우리나라의 역학조사 및 방역, 우수한 의료체계에 대해 세계가 주목하고 있다. 역학의 시초가 영국이었다면, 이를 가장 성공적으로 응용하고 발전시키고 있는 나라 중 하나가 바로 대한민국이라고 볼 수 있다. 외신들에서도 코로나19 드라이브스루 검사, 질병관리센터 설치, 감염병 환자 정보 관리 및 공개 법률 등 한국 의료계의 노력을 여러 차례 보도했다.

　이러한 세계적 명성을 활용하여 한국도 다양한 의학 및 의료 관광상품을 개발하고 의학 저널리스트 '팸 투어'^(FAM Tour)[2]를 통해 해외 홍보를 추진해 볼 수 있겠다. 선례로 기존의 의학 박물관^(서울대학교 의학박물관, 허준 박물관 등)뿐만 아니

2　팸 투어(FAM Tour)는 Familization Tour를 줄여서 부르는 말로, 지방 자치 단체나 여행업체 등이 지역별 관광지나 여행상품 등을 홍보하기 위해 사진작가나 여행 전문 기고가, 기자, 블로거, 협력 업체 등을 초청하여 설명회를 하고 관광과 숙박 등을 제공하는 투어를 말한다.

라 직접 걸으며 동의보감에 나온 약초를 체험할 수 있는 경남 산청의 허준 순례길도 조성되어 있다. 이에 더하여 우리나라의 한의학, 근대화 시기에 해외 선교사로부터 유입된 양의학, 최초 근대 병원인 광혜원[제중원] 등을 엮어 소개하는 의학 역사 투어를 만든다면 국내외 관광객들의 흥미과 호기심을 충족시키는 좋은 기회가 될 것이다. 또한 코로나19 상황이 지금보다 훨씬 나아지는 시기가 온다면, 한국의 우수한 K-방역을 소개하고 홍보하는 소규모 일일 투어를 기획해보는 것도 의미 있는 일이 될 것이다.

방콕

이제, 야시장이
트렌드를 선도한다

개성 있는 야시장 투어

    사계절 더운 나라인 태국의 밤은 낮보다 빛나고 아름답다. 밤의 관광지 1순위는 야시장이다. 서민들의 실제 삶이 녹아 있는 태국의 야시장에는 태국의 역사와 문화가 있고 태국인들의 미소와 인심이 있다. 이러한 매력에 빠져들어 태국을 방문하는 관광객들은 계속해서 야시장을 찾게 된다.

    영어로는 'Night Bazaar'이고, 태국어로는 '딸랏 깡큰'[Talad Kangkhun, 밤에 열리는 시장]이라고 하는데, 그 유래는 아무래도 절 축제인 '응안 왓'[Ngan Wat]에서 찾아볼 수 있을 것 같다. 전 국민의 90% 정도가 불교 신자인 태국에서 절은 예로부터 종교뿐만 아니라 교육, 경조사, 문화행사, 시장 등의 다양한 역할도 함께 해왔다. '절 축제'는 우리의 '장'[場]과 같은 개념으로 매주 또는 매달 정해진 날짜에 열렸으며, 더위를 피하고 유흥거리를 즐기기 위해 밤에 열리는 일이 많았다. 지금도 태국 지방에 가면 때로는 휘황찬란하게, 때로는 조금 소박하고 유치하게 알록달록한 조명들로 입구를 꾸며 놓고 자동차와 오토바이들이 주차된 곳들을 볼 수 있다. 특히, 이곳에는 아이들을 위한 관람차와 트램펄린 같은 놀이기구도 있어서 누구라도 이곳이 야시장임을 한눈에 알아볼 수 있다.

절 축제 '응안 왓'

● 중요한 관광자원이 된 야시장

과거로부터 내려온 태국인들의 삶 그 자체가 태국식 '야시장'이라는 중요한 관광자원이 되었다고 볼 수 있다. 방콕만 해도 매일 수십여 개의 크고 작은 야시장이 열린다. 저물녘에 가판대를 끌고 나와 뚝딱뚝딱 설치하고 나면, 비좁은 골목에 태국인, 외국인 할 것 없이 뒤엉켜 흥정하고 웃고 떠들며 살아가는 태국 상인들의 일상이 시작된다.

태국의 관광객 수는 계속해서 급증하는 추세인데, 2000년이 되면서 본격적으로 관광객을 대상으로 한 대형 야시장이 들어서기 시작했다. 2001년에 개장한 '룸피니 나이트 바자'$^{Lumpini\ Night\ Bazaar}$는 넓은 부지, 최고의 위치 등으로 관광객들에게 많은 사랑을 받았다. 하지만, 아쉽게도 부지 계약 만료로 인해 2011년 역사 속으로 사라지고 현재는 남은 상인들이 라차다 지역에 위치한 '룸피니 나이트 바자 라차다'에서 영업하고 있다.

2012년에 개장한 '아시아티크 더 리버프론트'$^{Asiatique\ The\ Riverfront}$는 관광객을 대상으로 한 세련된 야시장으로 '창'^{Chang} 맥주로 유명한 '타이 베버리지'$^{Thai\ Beverage}$ 그룹에서 운영한다. 이곳에는 원래 선착장과 곡물 창고가 있었는데, 이 기업이 '동양의 베니스'라고 불렸던 방콕의 명성을 되찾기 위해 야시장 컨셉으로 멋지게 재탄생시켰다. 창고는 빈티지 스타일의 야시장으로 변신했고, 랜드마크이자 야시장의 상징인 대관람차도 설치되었다. 교통체증이 심한 방콕에서 관광객들은 배를 이용해서도 이곳에 갈 수 있다. 현재까지도 관광객들의 많은 사랑을 받고 있으며 방콕에서 꼭 가봐야 할 관광지 10위 내에 선정되기도 했다.

이제는 관광객들의 욕구가 더욱 다양해지면서 조금 덜 가공된 것들을 찾는 추세다. 너무 상업적인 야시장보다는 주제가 있고 좀 더 여유로운 분위기를 가진 야시장이 점차 주목받고 있다. 대형 쇼핑몰은 식상하다고 느끼는 소비자들이 커뮤니티몰로 분산되어 이동하듯이, 야시장 또한 시대의 흐름에 따라 계속해서 변화하고 진화하는 것이다. 이에, 최근 태국에서 트렌드를 선도하는 야시장 몇 곳을 둘러보았다.

● 창추이 마켓

2018년 6월 23일에 오픈한 '창추이 마켓'^{Changchui Market}은 야시장이라기보다는 '밤에 가면 좋을' 예술 문화 공간이다. 영어로도 'Night Bazaar'라는 표현을 쓰지 않고 'Creative Park'라고 표현한다. 왕궁에서 강 건너편에 있는 톤부리^{Thon Buri}의 딸링찬^{Taling Chan} 지역에 위치하며, 최근에는 지하철이 근처까지 연결되어 더 쉽게 갈 수 있게 되었다. 태국의 핫플레이스이며 새로운 트렌드로 떠오른 창추이 마켓은 2018년 타임지 선정 최고의 여행지 100선에 오르는 등 새로운 트렌드로 자리매김 했다.

화교 출신의 쏨차이 쏭와타나씨는 누구나 입장료 없이 관람하기 위해 이곳을 만들었다고 하는데, 아무것도 없는 빈 땅을 풍부한 아이디어를 활용해서 창조적인 공간으로 탄생시켰다. 17,600㎡의 면적에 비교적 아담하게 조성된 이곳에는 여느 야시장과 마찬가지로 상점과 카페와 음식점이 있는데, 모든 점포들을 예술적인 디자인으로 꾸미되 각각의 컨셉을 가지고 공존하는 것이 창추이 마켓만의 특징이다.

먼저 중앙에는 거대한 비행기가 모든 이들의 눈길을 끈다. 새 비행기가 아니라 폐비행기이다. 동체는 낡고 녹이 슬어 볼품없어 보일지라도, 이곳에서는 멋진 예술품으로 재탄생되었다. 이뿐만이 아니다. 이곳에 있는 작품들과 구조 건축물들은 대부분 고철, 중고물품과 같은 재활용품으로 만들어졌다. 드럼통이 쓰레기통으로, 폐타이어가 탁자로, 항공기 좌석이 의자로 변신한다. 태국 전통 목조 양식으로 만들어진 상점들도 볼 수 있다. 현대의 감성을 살리면서 환경도 생각하는 이러한 아이디어는 앞으로 우리가 나아가야 할 방향이기도 하다.

이곳에는 박물관, 소극장과 북카페도 있다. '현재는 과거의 미래이며, 미래의 과거이다.'라고 적혀 있는 추이 박물관에는 청나라 때 사용하던 의자, 책장, 예술품 등이 전시되어 있다. 창추이 마켓은 오래된 물건들을 이곳에 모아 다시 생명을 불어넣었다.

아이들은 동물과 외계인 형상의 조각상을 끌어안고 사진을 찍는다. 어

1, 2, 3. 창추이 마켓 4, 5, 6. 아트박스

1 도시의 재발견 —— 방콕

디에서 찍어도 예술 작품이 된다. 연인들은 수공예 빈티지 제품들을 바라보며 무언가를 속삭인다. 친구들은 수제 맥주 바에서 시원한 바람을 맞으며 이야기를 나눈다. 멀리에서 은은하게 들리는 베리화이트와 비지스의 올드팝이 더욱 그 분위기를 더한다.

자연과 아이디어가 있는 창추이 마켓은 과거를 간직한 태국 야시장의 현재이자 미래일 것이다.

● **아트박스**

창추이 마켓이 방콕 외곽에 위치해서 가기 힘든 반면 '아트박스'Art Box는 도심에 있다. 수쿰빗 중에서도 아주 중심권에 해당하는 수쿰빗 쏘이 대로변에 있는데, 원래 도심속의 작은 공원이던 추윗 공원Chuwit Park을 코로나19가 발생하기 직전에 야시장 컨셉으로 변화시켰다. 야시장 바로 옆을 BTS 지상철이 관통하고, 지하철역에서 도보로 2~3분이면 이곳에 올 수 있다. 최고의 위치 덕분에 그냥 무심코 지나가다가도 호기심에 한 번씩 들러볼 만한 곳이다. 아트박스는 자체적으로 '나이트 마켓'이라는 표현을 쓸 정도로 퓨전 야시장을 대변한다.

야시장 입구에는 기념사진 촬영 포인트가 있고 양쪽으로 생과일주스 가게와 트로피컬 컨셉의 칵테일 바가 있다. 기본 철골 구조에 컨테이너로 상점을 만들고, 플레이트로 지붕을 얹었다. 드럼통을 재활용하여 테이블을 만들고 고목들을 활용한 것이 얼핏 보면 창추이 마켓과 비슷한 빈티지스러운 디자인이다. 다만, 창추이 마켓이 조금 옛날 스타일이라면, 이곳은 한층 모던하고 세련된 스타일이다.

야시장 최고의 하이라이트는 뭐니 뭐니 해도 먹거리일 것이다. 피자, 스테이크, 멕시칸 요리, 디저트 등 다양한 나라의 요리가 이곳에 모여 있다. 199바트약 7천8백 원의 무제한 BBQ 뷔페에서 태국 스타일의 산해진미를 맛볼 수 있고, 대만 스타일의 김밥 요리인 판투안을 79바트약 3천 원에 먹을 수도 있다. '사랑 그릴'이라는 간판의 한국 음식 가게도 있다. 여러 음식점 중에서도 매운 태국식 김치인 쏨땀을 파는 음식점이 눈길을 끈다. 이곳에서는 팟타이를 즉석에서 볶아 주며, 랍스터와 결합한 퓨전 팟타이 요리도 있다.

커다란 재래시장과도 같은 아트박스는 앉을 자리를 최대한 많이 배려하여 더 오래 머물 수 있는 여유를 제공한다. 야시장 뒤쪽에는 작은 공연무대와 함께 앉아서 먹을 수 있는 공간이 충분히 갖춰져 있다. 손님들은 일회용 용기에 음식을 받아와서 이곳에 삼삼오오 앉아 팝 음악을 들으며 자유로운 시간을 보낸다. 먹을 것뿐만 아니라 최신 유행하는 아이템들을 파는 가게들도 있다. 워낙 유동 관광객들이 많은 지역이라서 대부분의 태국 직원들이 영어도 잘하고 항상 친절한 미소를 머금고 있다. 밤이 깊어질수록 사람들은 더욱더 모이고, 활기를 띤다. 소확행을 찾는 현대인들에게 최적의 장소가 아닐까?

- **딸랏 롯화이 라차다 2**

2015년에 오픈한 '딸랏 롯화이 라차다 2'$^{Talad\ Rodfi\ Rachada\ 2}$는 앞의 두 야시장과 비교하면 보다 서민적이고 태국 현지의 향기가 난다. '딸랏 롯화이'는 태국어로 '기차역 시장', '라차다'는 지역명을 뜻한다. 이 야시장은 크게 세 개의 구역으로 구분되어 있다. 선 채로 또는 잠시 앉아서 이것저것 음식을 먹어 볼 수 있는 '스트리트 푸드 존', 각종 유행과 스타일의 옷·액세서리 등을 판매하는 '패션 존' 그리고 마지막으로 음악을 들으며 앉아서 술이나 음식 등을 여유 있게 먹을 수 있는 '레스토랑 존'이다.

이곳은 '라차다'라는 시내에 있어서 MRT 지하철역이 가깝다는 장점도 있지만, 최고의 강점은 먹거리가 풍부하다는 것이다. 처음에는 흔한 야시장의 스트리트 푸드에서 시작되었지만, 아시아권 관광객들이 몰려들면서 짧은 시간에 빠르고 많은 변화를 거치게 되었다. 그 결과 현재는 다양하고 맛있는 태국 요리를 한 자리에서 체험할 수 있는 성지가 되었다. 신선한 굴·새우부터 시작해서 즉석구이·바비큐, 면 종류, 볶음 요리뿐만 아니라 곤충튀김 같은 이색 먹거리들도 있다. 오죽하면 이곳의 맛있는 음식점들만 따로

딸랏 롯화이 라차다2

순위를 매겨 놓은 현지 블로그들도 존재하겠는가. 야시장임에도 불구하고, 오토바이 배달 앱 기사들이 이곳에서 음식을 사서 손님들에게 배달하기도 한다.

컨테이너로 만들어진 2층의 바에서 야시장을 바라다보며, 태국 맥주를 마시는 것이 관광객들에게는 어느새 유행처럼 퍼졌다. 다른 야시장과 달리 이곳에는 미용실이나 이발소도 꽤 여러 곳 있다. 원래 태국은 집 앞에만 나가도 동네 미용실이 하나둘씩 있을 정도로 흔하고, 태국 여성들은 2~3일에 한 번씩 미용실에 가서 머리를 감는 것이 일반적이나 지금은 미용실들이 대형화, 체인화되면서 그 수가 많이 줄었다. 왁자지껄한 야시장 한복판, 밖이 훤히 뚫린 미용실에서 머리 손질을 하는 이발사와 손님들은 마치 연극 무대에 서 있는 듯하다. '딸랏 롯화이 라차다 2'는 현지인들과 관광객들이 공존하는 최신 유행의 야시장이다.

- **시케다 마켓**

방콕뿐만 아니라 치앙마이, 푸켓 등 지방에서도 새로운 트렌드를 선도하는 야시장들이 적지 않게 있다. 후아힌에 있는 '시케다 마켓'이 좋은 예다. 방콕에서 남쪽 도로를 이용하여 차로 3시간 정도면 닿을 수 있는 해변도시 '후아힌'은 따뜻한 햇살뿐만 아니라 조용하고, 품격있는 왕실의 휴양지로서 현지인과 관광객 모두에게 사랑 받는 곳이다. 방콕에서 주말여행을 떠난 현지인들은 금요일부터 일요일까지만 열리는 '시케다 마켓'을 방문한다. 이곳은 아주 멋들어지고 세련된 야시장이라서 반바지가 아닌 정장을 차려입고 가도 어울릴 만한 곳이다. 약 16,528㎡의 여유로운 열대정원 안에 있는 문화예술 공원과도 같다.

'시케다 마켓'은 영어로 'CICADA MARKET'으로 표기하며, 현지인들은 영문 뜻 그대로 '매미 시장'이라고도 부른다. 시원한 저녁의 바닷바람과 함께 울창한 나무에 붙어 있는 매미들의 소리가 요란하지만 정겹게 들리는 시장이기 때문이다. 자연과 어우러진 생태관광지라서 에코투어리즘

1 도시의 재발견 —— 방콕

세련된 야시장, 시케다 마켓

을 할 수 있는 곳이다. 또한, 이곳은 CICADA의 철자를 한 글자씩 따서 Community of Identity Culture Arts and Dynamic Activities로 정의되기도 한다. 누구나 자유롭게 예술 활동을 하며 작품을 전시하고 공연을 펼치는 문화예술의 공간이기 때문에 다른 곳에서 보기 힘든 창의적인 수공예품이 많이 보인다.

대학생 화가들이 손님을 앉혀놓고 직접 그려주는 캐리커처 티셔츠는 관광객들에게 색다른 추억을 선사한다. 원형 광장에서는 아이들을 위한 공연이 진행되고, 낭만적인 거리공연도 열린다. 다른 한쪽에서는 워크숍이 진행된다. 정책적으로 학생과 지방 상인들을 최우선으로 배려하기 때문에 '시케다 마켓'은 배움이 있고, 여유가 있고, 소통이 있는 후아힌의 진화하는 야시장이다.

- **전통과 문화를 시대의 콘셉트에 맞게 복원**

코로나19 이후 뉴노멀 시대는 더욱 빠르게 '탈대형화', '탈밀집화'되고 있다. 이제 태국의 야시장은 전통을 간직하면서도 제각각 개성을 살려 세련되게 바뀌고 있으며, 이를 진정 즐길 줄 아는 방문객들을 위한 야시장으로 진화하고 있다. 태국의 야시장이 '필요'가 아닌 '미래의 가치'를 찾아 진화해 가듯이, 우리나라 또한 우수한 전통과 문화를 시대의 콘셉트에 맞게 복원하여 내놓을 수 있는 많은 아이디어가 필요하다.

서울시의 주도로 기획된 '서울밤도깨비야시장'이 좋은 예가 될 수 있겠다. '서울밤도깨비야시장'은 밤이면 열렸다가 아침이면 사라지는 도깨비 같은 시장이라는 의미로 2015년 처음 여의도에서 시작되어 현재는 반포, DDP(동대문 디지털 플라자), 청계천으로 규모가 늘었다. 그리고 친근하면서도 재미있는 '밤도깨비' 캐릭터 등 여러 방면에서 체계적으로 홍보를 해온 덕분에 방문객 수가 첫해 약 20만 명에서 2년 만에 약 500만 명으로 증가하였고 'SNS에서 사랑받은 서울 사계절 축제 1위'(2017), '외국인이 뽑은 서울시 정책 1위'(2018) 등에 선정될 만큼 내외국인의 큰 관심과 사랑을 받고 있다. 또한 비상설 야시장으로는 봄과 가을에 마포에서 열리는 '문화비축기지 시즌 마켓'이 있으며, 크리스마스 시즌에는 밤도깨비야시장에서 '서울크리스마스마켓'이 같이 운영되고 있다.

 이처럼 지금 열리고 있는 전통시장에 특별한 개념을 더하거나 그 지역의 명소와 연결하여 관광코스를 기획해보는 것도 좋은 아이디어가 될 것이다. 서울만 해도 동대문종합시장, 남대문시장, 영등포전통시장, 이태원시장, 홍대 근처에 있는 망원시장 등 젊은이들이 많이 찾는 지역에 있는 시장들이 여러 곳 있다. 그 지역의 특색에 맞게 개성을 살린 전통시장으로 바꿔간다면 단순한 시장의 기능을 넘어 내외국민들에게 훨씬 더 인기 있는 방문지로 거듭날 수 있을 것이다.

청두

삼차원적인 매력의 도시, 충칭

경전철 리쯔빠, 홍야동, 장강 케이블카 등

 면적이 8.24만 ㎢로 우리나라 크기의 80%가 넘고 상주인구도 3천1백만이 넘는 초거대도시인 충칭은 중국의 4개 직할시 중의 하나로 국가중심도시, 장강 상류의 경제·금융·과학과 창조·항운 및 상업과 무역의 물류 중심지, 서부대개발의 주요 전략지점, 일대일로와 장강경제벨트의 주요 연결점으로 이름이 높은 곳이다.

 과거 우리에게도 알려진 삼국지 '파촉'巴蜀 땅의 '파'巴가 바로 충칭이며 ('촉'蜀은 바로 그 옆의 '쓰촨'四川이다.), 우리나라 사람들도 이제 상당히 익숙하게 알고 있는 맵고 얼얼한 맛의 '훠궈'火鍋의 발원지이기도 하다.

 강의 도시, 안개의 도시, 산의 도시로 유명한 충칭은 1997년 중국의 네 번째 직할시가 되었다. 시내에 장강長江과 가릉강嘉陵江이 흐르는 도시이며, 독특한 산세를 바탕으로 환상적인 도시경관 때문에 '작은 홍콩'으로 불리기도 한다.

 충칭에서는 지금 본인이 서 있는 곳이 실제 어느 건물의 몇 층인지 알 수가 없다. 도로와 인접한 건물 입구를 통해 다른 쪽의 2층으로 갔다고 생각했는데 여전히 도로와 인접한 지상이 되기도 하고, 한쪽에서는 지상의 입구인데 다른 쪽으로 가면 지하 2층이 되기도 한다. 산의 도시인 만큼 도심은 건물들이 현기증이 날 정도로 빽빽이 밀집해 있고, 아파트들도 우리가 생각하는 것보다 훨씬 높다. 또한 충칭의 길은 GPS도 소용이 없어서 외지인이 운전하면 울고 싶을 정도로 복잡하다고 한다. 이 신기한 도시에서 길을 찾기 위해서는 택시 기사 또는 현지인에게 의지해야 한다.

이러한 도시의 특성을 기반으로 충칭이 관광지로서 사람들의 호기심을 끄는 것들이 적지 않다. 빌딩 안으로 들어갔다 나오는 경전철, 강을 가로지르는 케이블카, 도심 내 112m의 긴 에스컬레이터, F1 트랙 같기도 하고 현기증 날 정도로 복잡하고 다층적인 입체 교차로, 강을 낀 양쪽 언덕에서 맥주를 마시고 구경하는 강변 야경 등은 충칭에 온 관광객들이 꼭 방문하여 인증샷을 찍는 유명한 곳들이다. 그중 몇 가지만 소개해 보고자 한다.

- **건물 안으로 사라지는 경전철 — 리쯔빠**

우리나라 사람들도 SNS나 사진 등을 통해 보았을 것으로 생각되는, 건물 속으로 사라지는 전철역이 바로 충칭의 리쯔빠^{李子壩} 전철역이다. 전철역은 건물의 8층에 있으며 건물 7층은 설비층이고 6층은 정거장 로비, 1~5층은 상점, 9~19층은 주거용 주택이다. 8층의 경전철역, 그 아래 층의 상점과 그 위층의 주택, 쓰리 인 원(3 in 1)의 독특하고 기이한 이 건물은 우리가 예상하는 것처럼 시끄럽거나 복잡하지 않다. 건물을 먼저 지은 건지 아니면 경전철을 먼저 지은 건지에 대한 논쟁으로 인해 이 전철역은 많은 관광객들의 시선과 관심을 끌었고, 날마다 인증샷을 찍으려는 수백 명의 사람들이 역의 건너편 도로에 몰려들고 있다.

리쯔빠에 가면 꼭 해야 할 일이 두 가지 있다. 첫 번째는 경전철이 전철역에 들어갈 때 사진을 찍는 것이며, 두 번째는 2위안$^{약\,330원}$의 편도 티켓을 구입해서 직접 이 공중 경전철을 타보는 것이다. 직접 경전철을 타고 가면서 커브를 스쳐 건물 속으로 들어갔다 나오는 느낌은 꽤 짜릿하고 흥미롭다. 강 옆으로 난 공중궤도를 미끄러지듯 굽이쳐 건물 안으로 사라지고 다시 나타나는 느낌은 롤러코스터를 타는 것 같기도 하다. 열차에서 창밖을 바라보면 가파른 언덕 위로 복잡하고 빽빽하게 지어진 건물들을 실감 나게

리쯔빠 전철역

볼 수 있으며 그 옆으로 흐르는 강과 높은 다리들, 고가도로 등도 선명하게 볼 수 있다. 이런 비현실적이고 환상적인 장면은 아마 3D 충칭에서만 체험할 수 있을 것이다.

● **경사면을 덮은 건물들, 그리고 붉은 조명 — 홍야동**

홍야동洪崖洞은 낮에 봐도, 밤에 봐도 고유의 느낌이 있다. 가파른 비탈을 뒤덮은 건물들이 독특하면서도 뭔가 끌리게 만드는 분위기를 가진 홍야동은 충칭의 특성을 잘 나타내는 곳 중 하나이다.

충칭 시내 가장 번잡한 곳의 하나인 유중구渝中區에서 가릉강을 바라보는 이곳은 거의 직각에 가까운 비탈에 충칭의 유명한 가옥 양식과 그 아래 중국식 외형의 상가 건축물 등으로 이루어져 있다. 홍야동은 충칭 역사문화의 상징과도 같은 곳으로, 강을 따라 약 600m 길이에 걸쳐 지어졌다. 전통건축의 특색을 살린 '조각루吊腳樓'를 위주로 산지 건축법을 통해 음식, 오락, 레저, 보건, 숙박과 특색 문화 등 다양한 주제의 구역으로 조성된 '입체식 공중 보행가'이자 상업 중심지이기도 하다.

11층으로 이루어져 있는 홍야동은 특히 붉은 등불들이 장식하는 밤 풍경이 환상적이다. 이곳에서는 절벽에 지어진 독특한 건축물을 감상할 수 있을 뿐만 아니라 절벽에 난 좁은 길을 따라 걸으며 충칭의 건축과 도로문화도 느낄 수 있다. 장강과 가릉강이 합류하는 양강합류兩江匯流, 조각상 무리가 모여 있는 홍애군조洪崖群雕 등 현지인들이 꼽은 홍야동의 8경八景을 하나하나 찾아보면서 각각의 매력을 직접 경험해 보는 것도 좋고, 야간에 강 건너편에서 홍야동을 바라보면 이 매력들이 하나로 어우러지는 색다른 풍경을 감상할 수 있다.

● **강을 가로지르는 아찔한 장강 케이블카**

케이블카는 높은 산을 힘들지 않게 올라가려고 만든 것이지만, 충칭에서는 통근하기 위해 케이블카를 탄다. 산의 도시라고 부르는 것처럼 충칭

1 도시의 재발견 —— 청두

1. 훙야동을 걷고 있는 사람들   2, 3, 4. 훙야동의 야경

1 도시의 재발견 —— 청두

양쯔강 위를 지나는 장강 케이블카

의 집과 도로, 건물은 경사도 가파르고 복잡하기 그지없다. 만약 롤러코스터처럼 이동하거나 미로를 헤매는 것을 좋아하지 않는다면, 버스나 택시보다는 경전철이나 케이블카를 타보는 것도 좋다. 특히 공중에서 도시와 강의 경관을 감상하고 싶다면 장강 케이블카는 멋진 선택이 될 것이다.

장강 케이블카는 1986년에 완공되었으며 중국 자체의 연구와 설계를 거쳐 제조된 대규모 도강용 여객 케이블카이다. 과거부터 충칭은 높은 언덕과 물살이 빠른 강을 끼고 있는 지형적 특성으로 인해 외부에서 침입하기 어려운 곳이었지만, 도시의 현대화 측면에서는 장애 요소로 작용했다. 강을 건너려면 사람들이 주로 선박이나 다리를 이용했는데 홍수나 짙은 안개가 끼면 선박을 운행할 수가 없었다. 충칭은 1년에 60~70일 정도 짙은 안개가 발생하는데 그런 날은 선박 운행 중단으로 사람들이 대교로 몰려서 강을 건너는 데만 1시간 넘게 걸렸다고 한다. 충칭의 발전과 인구 증가로 교통 수요가 증가함에 따라 충칭은 고유한 지형 조건에 맞는 자체 교통수단을 개발하게 되었다. 그중 하나가 바로 케이블카이며 이를 타고 5분이면 강을 건널 수 있다. 지금은 케이블카보다 더 빠르고 대중적인 전철이 있지만, 도시 발전의 상징과도 같은 장강 케이블카는 충칭의 현란한 도시경관이 한눈에 들어오고 장강 강물이 세차게 흘러가는 것을 볼 수 있어 여전히 많은 사랑을 받고 있다.

- **살아있는 다리 박물관 ― 강 위의 다리, 육상 육교와 입체 교차로**

충칭에서 고개를 들고 위를 쳐다보면 높은 건물들이 서로 다리로 연결되어 있으며 그 위로 사람들이 왔다 갔다 하는 낯선 광경을 볼 수 있다. 경전철에서 내려 역 밖으로 나오면 지상이 아니라 공중 위에 있는 역일 경우도 많고, 때론 이런 공중 역과 건물들이 통로로 연결되어 있는 경우도 많다. 충칭은 마천루들이 즐비해서 1층까지 내려갔다가 다시 올라오는 것이 불편하여 편하게 다닐 수 있는 공중 다리를 지었다. 이런 곳을 이용해 이동하다 보면 비슷하지만 전혀 모르는 곳에 이를 수도 있어서 관광객들은 종종 충칭에서 길을 잃지만, 때론 이러한 점이 바로 외래 관광객들이 충칭의 매력에 빠지는 이유 중 하나이기도 하다. 가다 보면 문득 생각지도 않은 새롭고 멋진 곳에 이를 수도 있다는 신기함과 기대가 있기 때문이다.

충칭 시내에는 마천루 사이의 다리뿐만 아니라 장강과 가릉강의 수많은 다리들이 있다. 깊은 강과 높은 언덕, 그 사이를 연결하는 다리는 우리가 생각하는 것보다 훨씬 높고 웅장하다. 그래서 충칭을 살아있는 다리 박물관이라고 부르기도 한다. 그런 다리 중에서도 제일 특별한 다리가 바로 황각만립교차로黃桷灣立交橋이다.

황각만립교차로는 충칭시의 8개 방향을 연결하는, 총 5층으로 겹겹이 쌓인 20개의 인터체인지를 말한다. 사방팔방으로 통하는 입체교차로는 충칭에서 제일 크고 복잡하며 중요한 교통 중심이다. 이 교차로를 바라보면 F1 트랙 같기도 하고 수많은 직선과 곡선이 겹친 기하학적 도형이 떠오르기도 한다. 중국 누리꾼들이 "이 인터체인지에서 한곳만 잘못 들어가도 충칭 당일치기 일정이 되어버린다."라고 말하는 것이 결코 과언이 아니다. 여기에서는 GPS도 혼란에 빠지기 때문에 도로 표지를 잘 보고 가는 수밖에 없다. 많은 관광객들이 공항에서 택시를 타고 시내로 갈 때 이 길로 이동하기를 원하는데, 그 이유 역시 직접 미궁 같은 이 교차로를 한번 지나면서 체험하고 구경하기 싫기 때문이라고 한다.

● 새로운 트렌드가 된 로컬 여행

예전에는 여행을 가면 여러 장소를 가느라 구경하고 즐기는 시간보다 차로 이동하는 시간이 긴 경우가 많았다. 특히 해외여행은 본전 생각에 이동하면서 먹고 자며 부지런히 다녔다. 하지만 요즘에는 한 지역에 머무르며 그 지역을 충분히 즐기는 '로컬 여행'이 인기를 끌고 있다.

로컬 여행을 가는 관광객들이 가장 많이 찾아보는 것이 그 지역만의 매력과 독특함이다. 지역 주민들이 생각하는 그 지역의 매력과 관광객들이 보고 느끼고자 하는 매력이 늘 똑같지만은 않을 것이다. 그렇기에 그 지역의 다양한 모습을 체계적으로 홍보해 관광객들이 한층 쉽게 그 지역에 다가갈 수 있도록 하는 일이 중요하다. 물론, 그 지역에 다양하고 차별화된 매력거리와 인프라를 갖추는 것은 필수조건이다.

충칭 같은 대도시는 여러 측면에서 관광객들의 욕구를 충족시키지만, 꼭 대도시가 아니더라도 고유한 문화와 맛과 멋을 지닌 지역이라면 관광객의 호기심을 충분히 끌 것이라고 생각한다. 우리나라에는 여러 특색 있는 도시들이 많다. 우선 몇 곳이라도 정해서 요즘 관광객들의 취향에 맞춰 홍보 온라인 플랫폼을 개설하는 등 체계적으로 준비한다면, 다시 해외여행이 가능해지는 시기가 왔을 때 주도적으로 관광객을 유치할 수 있을 것이다.

- NONO Islas Salomón 13618 KM
- AMSTERDAM 11554 KM.
- ROMA 11360 KM
- LONDRES 11204 KM
- MADRID 10682 KM
- NUEVA YORK
- USHUAIA 2566 KM
- BARILOCHE 1179 KM
- POSADAS 1000 KM
- BUENOS AIRES 689 KM
- ROSARIO 423 KM
- STA. FE 407 KM

2

미스터리 여행

토론토

타이베이

우리는 잘 알려진 이야기보다
숨은 이야기에 더 솔깃해진다.

또한 비밀스러운 사건을 추적해야 하는
책이나 영화에 흠뻑 매료되기도 한다.

이렇게 생생한 이야기에 빠져 여행을 다닐 수 있다면?

도전정신과 모험심을 한껏 끌어올려
여정을 계속 풀어가야 한다면?

세상 어디에도 없는 미스터리 여행을 소개한다.

토론토

목적지도 모른 채로
여행을 떠난다고?

미스터리 여행

    급속한 정보통신 기술의 발전으로 세계는 우리의 예상보다 더 빠른 속도로 디지털화되고 있다. 이제는 정보통신 기술이 일상화되지 않은 분야는 거의 없으며, 관광산업도 예외가 아니다. 관광산업 역시 여행 예약 사이트, 후기 사이트, SNS 채널과 광고 등 다양한 디지털 알고리즘의 영향을 받고 있다.

    전문 통계 사이트 Statista의 2019년 조사에 의하면 약 56.8%가 유튜브를 포함한 SNS를 통해 다음 여행의 목적지를 찾는다고 한다. 예비 여행자들은 친구의 여행 사진과 재미있는 여행 후기들을 통해 '나도 다음에는 여기로 가볼까?' 하며 다음 여행 목적지를 생각하게 되는 것이다. SNS의 여러 사진과 영상들은 여행지에 대한 막연한 동경심과 신비감을 주기도 한다. 하지만 SNS에는 주로 잘 나온 사진이나 호응을 많이 얻을 수 있는 내용 위주로 올리다 보니 많이 포스팅되는 인기 여행지는 이미 정해져 있기 마련이며, 반복되는 풍경들은 자칫 지루하게 느껴질 수도 있다. 이런 전형적인 여행의 식상함을 대체할 만한 새로운 여행 트렌드가 최근 캐나다에서 인기를 얻고 있는 '미스터리 여행'$^{Mystery\ Tour}$이다.

- **목적지를 알지 못한 채로 떠나는 여행**

　미스터리 여행은 말 그대로 불가사의한, 알 수 없는 여행이다. 미스터리 여행 신청자들은 준비물만 챙겨 공지 받은 시간과 만남 장소에 도착한 그 순간부터 본격적인 여행이 시작된다. 차량이나 비행기를 타기 직전 또는 목적지에 도착하기 직전까지 내가 어디로 가는지, 어떤 일정인지 모른 채 떠나는 것이다.

　몬트리올에 사는 한 모녀는 토론토 피어슨 국제공항에 도착하자마자 봉투를 하나 전해 받았는데, 열어보니 코스타리카행 비행기 표가 들어 있었다. 29세인 딸은 "여행을 준비하는 내내 솔직히 매우 긴장됐고, 짐을 싸면서도 이 여행을 가야 하나 말아야 하나 고민했다. 여행이 맘에 들지 않으면 어쩌나 걱정되기도 했지만 봉투를 열어보고는 너무 신났고 해방감과 기대감이 교차되었다."라고 얘기했다.

　캐나다의 여행사 '게스 웨어 트립'Guess Where Trips은 미스터리 여행을 전문으로 하는 여행사 중 하나다. 최근에는 주로 캐나다 달러로 55달러약 4만 7천 원 상당의 국내 당일 미스터리 여행상품을 판매하고 있다. 전체적인 여행 테마나 개인의 여행 성향을 파악하기 위해 설문지를 미리 받아 개인 맞춤형 여행지를 선택할 수 있게 해준다. 원래는 방콕이나 마추픽추 등도 미스터리 여행의 주요 목적지였으나 코로나19로 인한 해외여행 제한 때문에 일시 중단된 상태이다.

　여행사 홈페이지에는 총 다섯 개 테마로 여행상품이 구성되어 있다.

1. 국내의 아름다운 인기 명소 Pretty places & Country favourites
2. 야외 어드벤처 명소 및 경관이 멋진 도로 Outdoor adventures & Scenic roads
3. 독특한 와이너리와 맛집 탐방 Quirky wineries & Great food
4. 현지 시장과 경관이 멋진 지역 Local markets & Picturesque towns
5. 서프라이즈! Surprise me!

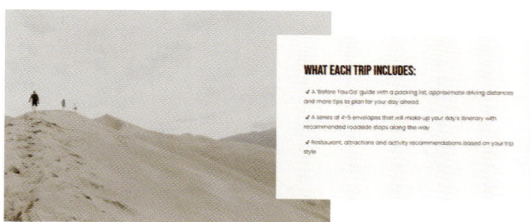

여행사 Guess Where Trips 홈페이지

테마별 상품마다 간략한 기본 정보와 출발지에서의 대략적 거리, 여행하기 좋은 추천 요일과 계절, 애완견 친화 환경 유무 등의 추가 정보를 알려준다. 특히 '서프라이즈!' 상품의 사전 설문조사는 다음 여섯 개 질문으로 구성되어 있는데, 선호하는 여행 스타일을 파악하여 맞춤형 일정을 짜준다.

1. 원하는 여행시간 (8~11시간)
2. 여행 중에 제일 보고 싶거나 하고 싶은 것 (자연, 등산·산악, 문화, 색다른 체험, 와이너리·양조장, SNS에 올리기 좋은 곳 등)
3. 여행자의 평균 연령
4. 애완견 동반 유무
5. 가고 싶지 않은 장소
6. 추가 의견

만약 주어진 일정표가 맘에 들지 않거나 적합한 관광지가 없을 경우 전액 환불받을 수 있다. 상품 결제 후 정해진 출발일 열흘 전에 가이드북과 준비물 리스트, 네다섯 개의 봉투가 들어 있는 우편물을 받게 되며, 출발 당일에 첫 봉투를 개시하면서 여행이 시작된다. 간단한 설명과 함께 나의 예산에 맞춰 여행을 마음껏 즐길 수 있고, 내가 가게 될 목적지를 마침내 알게 되었을 때 느끼는 의외성과 놀라움이 아주 색다른 즐거움을 준다.

- **여행하고 싶은 모든 이유를 갖춘 여행**

또 다른 미스터리 여행을 제공하는 여행사로 '글로벌 스캐빈저 헌트'Global Scavenger Hunt가 있다. 이 여행사는 모험 테마 이벤트로 일 년에 한 번씩 미스터리 여행 참가자를 모집하며 2020년 16회를 맞이하는 '세계 여행 챔피언십'World Travel Championship 여행을 2020년 4월에 진행할 예정이었으나 코로나19로 인해 2021년 4월로 연기했다.

참가자들은 출발지와 도착지만 아는 상태에서 다음 장소에 대한 단서를 찾으면서 전 세계를 여행한다. 단계별 미션만 수행하는 것이 아니라, 참가자들에게 목적지를 자유롭게 관광할 수 있는 시간도 주어지며, 다음 비행기 출발 네 시간 전에 다음 목적지와 미션에 대한 공지를 받는다. 예를 들어, 캐나다에 도착하게 되면 현지에서 경험할 수 있는 여러 관광 거리에 대한 안내 책자를 받게 되며 다음 목적지로 출발하기 전까지 자유롭게 여행할 수 있다. 목적지에서 시간을 어떻게 보냈는지에 따라 팀에 포인트가 주어지고, 여행이 끝난 후 총 점수가 가장 높은 팀이 우승하게 된다. 각 목적지에 머무는 기간과 각 여행지에서 수행해야 하는 미션의 난이도도 다양하다.

상황에 따라 매년 목적지와 최종 여행 일정이 변경되지만, 약 25일 동안 최소 10개국을 탐험할 수 있어 모험을 즐기는 세계 여행자들의 흥미와 관심을 끌고 있다. 2020년의 승자에게는 '세계 최고의 여행가들'The World's Greatest Travelers이라는 호칭과 함께 2021년 전 세계 무료 여행권을 상품으로 증정할 계획이었다. 이 상품은 2인이 1조로 참가해야 하며 모든 국제 항공료, 특급호텔, 약 40%의 식사 및 특별 이벤트, 여행 장비 비용을 포함해 팀당 12,500달러약 1천 4백만 원를 지불해야 한다. 참가 인원수가 정해져 있어서 신청자들은 1차로 온라인 신청서와 2차 인터뷰를 통과해야 참가할 수 있다.

이 여행사의 창립자 윌리엄 챌머스는 1989년 개최된 여행 대회 '휴먼 레이스'Human Race의 우승자였는데 그때 받은 감동과 경험을 이어가고 싶은 마음에 2000년에 이 여행사를 창립했다고 한다. 그는 미스터리 모험을 떠나는 여행상품이 성공한 요인에 대해 "'세계 여행 챔피언십'은 사람들이 여행하고 싶어 하는 모든 이유를 갖추었다고 생각한다. 사람들이 여행을 하는 이유는 여러 가지가 있다. 진정한 모험을 하기 위해, 익숙하고 편안한 일상생활의 단조로움을 벗어나기 위해, 사랑하는 사람들과 좋은 시간을 보내기 위해, 활력을 되찾고 새로운 영감을 얻기 위해, 새로운 것을 배우기 위해, 스스로 도전하기 위해, 자기 자신의 삶을 축복하기 위해, 개인 버킷리스

1. 미스터리 트래블 여행 키트 (사진 제공 : Guess Where Trips)
2. Guess Where Trips의 여행 패키지 중 하나인 온타리오 호박밭 Applewood Farm (사진 제공 : @explore.Ontario)

트를 이루기 위해서다."라고 말했다.

    그가 이 여행사를 처음 창립했을 때 이 여행은 참가자들이 인생에 단 한 번만 할 경험이라고 생각했으나 놀랍게도 현재 참가자의 약 25%가 2회 이상 참가자이며, 그중 몇 명은 여행 블로거이거나 기자들이다. 참가자들은 이 미스터리 여행에 대해 다음과 같이 말했다.

"이것은 지구상에서 가장 흥미롭고 도전적이며 재미있는 여행이다!"

- 앤디 V, 독일 본(2008)

"직접 경험할 때까지 절대 이해하지 못하지만, 한번 하고 나면 절대 후회하지 않을 생애 최고의 여행 경험!"

- 조지아 H, 미국 텍사스 오스틴(2016)

"경이로운 여정이었다. 영원히 소중하게 간직할 추억이다. 나는 여행을 좀 아는 사람인 줄 알았는데, 이 기회를 통해 세계를 보는 것이 정말로 어떤 것인지 깨닫게 되었다."

- 마이크 P, 미국 캘리포니아 헐리우드(2017)

    디지털 시대는 온라인으로 국경을 초월해 여행 경험을 공유하고, 원하는 정보를 찾아낼 수 있으며, 필요한 정보도 쉽게 다룰 수 있게 되었다. 또한 내가 그 목적지에 가면 무엇을 먹고 무엇을 할 수 있는지 실시간으로 확인하고 찾아볼 수 있기에 여행의 결과도 쉽게 예측이 가능하다. 이와 달리 미스터리 여행은 여행을 계획하는 개인의 시간과 노력을 절약해주고 여정을 풀어가는 과정이 깜짝 선물처럼 느껴지는 점이 가장 큰 매력이라고 할 수 있다. 또한 어떤 이들에게는 온라인을 통해 범람하는 수많은 여행 정보 속에서 잃어버린 자신의 모험성을 재발견하고 새로운 것에 대한 호기심과 탐구욕을 불러일으키는 기회가 되기도 한다.

스캐빈저헌트 참가자들이 다녀온 여행지

● **우리나라 어디까지 가봤니?**

　이와 같은 미스터리 여행상품의 개발은 무궁무진하다. 우리는 지금 살고 있는 지역을 얼마나 잘 알고 있을까? 우리나라 사람들은 우리나라를 얼마나 알고 있을까? 우리나라는 각 지역별로 특색 있는 여행지 개발에 많은 투자와 정성을 쏟아왔다. 그 결과 전국 각지에 잘 알려진 명소는 물론 숨어 있는 보석 같은 여행지가 많다. 사계절이 뚜렷하고 전국이 일일생활권이라는 장점을 살려 국내를 무대로 '미스터리 여행'을 기획해보는 것도 좋은 아이디어가 될 것 이다. 여행자 그룹의 취향을 고려하고 계절마다, 지역마다 특색을 살린다면 여러 코스를 마련할 수 있다. 또한 해당 방문지에서 참가자들이 할 미션을 제공하고 힌트를 통해 다음 방문지를 유추하도록 하는 등 적절한 미션과 야외활동을 겸비한다면 남녀노소 불문하고 도전정신을 발휘할 수 있을 것이다.

　한 예로, 서울특별시 종로구는 2019년 3·1 운동 100주년을 앞두고 두 가지 재미있고 의미 있는 투어 프로그램을 진행했다. 하나는 '3·1 운동길' 탐방 해설 프로그램으로, 해설사의 설명을 들으며 3·1 운동을 준비했던 북촌 일대 주요 거점을 걷는 A코스와 3·1 독립선언서를 인쇄·배포하고 만세운동을 했던 B코스 두 개가 운영되었다. 다른 하나는 '북촌·인사동 미션 탐험, 응답하라! 1919'로 해설사를 동반하지 않고 스마트폰으로 미션을 풀며 역사문화유산을 답사하는 프로그램이었다. 카카오톡에서 '3·1독립운동 본부'를 친구로 추가하면 1 대 1 채팅방으로 답사 코스와 미션이 자동 전달된다. 전달된 코스를 따라 각 지점을 이동하며 미션을 수행하고 어딘가에 보관중인 태극기와 독립선언서를 찾아내는 것이 이 프로그램의 최종 목표였다.

　이렇게 '미스터리 여행'은 성인들에게는 너무나 익숙해서 그냥 지나치기 쉬운 것들을 다시 돌아보는 시간이 될 수 있고, 청소년들에게는 텍스트를 통한 일방적인 배움에서 탈피해 우리 역사와 문화 등을 재미있고 색다르게 접할 수 있는 기회를 제공하는 좋은 방법 중 하나가 될 수 있다.

타이베이

코로나19가 탄생시킨
특이한 관광상품

가상출국여행

　코로나19로 인해 우리의 일상은 완전히 바뀌어 버렸다. 특히, 각국 정부들이 방역을 위해 국경을 엄격히 통제하면서 해외여행은 종말이라는 말이 나올 정도로 급감했다. 소비자들은 랜선여행이나 국내 여행을 통해 대리만족을 시도했으나 출국 전 공항에서의 설레임, 면세점 쇼핑의 즐거움, 다른 나라의 문화체험 등 해외여행을 통해서만 느낄 수 있는 즐거움에 여전히 목 말라하고 있다. 코로나19가 예상보다 장기화되자 해외여행에 대한 소비자들의 갈망과 관광업계의 절박함은 점점 커져갔으며, 결국 코로나 시대에만 볼 수 있을 특이한 여행상품을 탄생시키기에 이르렀다. 진짜로 해외여행을 떠나듯 출입국 수속도 하고, 면세점 쇼핑도 하고, 비행기도 타고, 기내식도 먹지만 다시 출발지로 돌아오는 일명 '목적지 없는 비행', '가상출국여행' 상품이 그것이다.

　가상출국여행상품이 가장 먼저 유행한 곳은 대만이다. 대만에서 가상출국여행상품이 가장 먼저 유행하게 된 이유는 무엇일까? 여러 가지 이유가 있겠지만, 대만 내 코로나19 조기 안정화, 해외여행을 선호하는 대만인의 성향, 정부의 관광업계 지원 의지라는 세 가지 이유를 들 수 있을 것이다.

- **대만 내 코로나19 조기 안정화**

　2003년 일찍이 사스의 공포를 경험한 대만은 코로나19 발생 직후 일찌감치 관문을 걸어 잠그고 강력하고 엄격한 방역조치를 시행하였다. 그 결과 대만은 6월 7일 코로나19 신규 확진자 56일 연속 0명(해외유입 불포함)을 기록하며 '방역신생활' 단계 돌입을 선포한다. 이후 대만 정부는 '변경의 위험은 엄격히 관리하고, 대만 내 규제는 완화한다'는 코로나19 정책기조를 줄곧 유지하고 있는 중이다. 이러한 기조는 관광정책에서도 동일하게 반영되고 있다. 대만 정부는 3월 19일 부로 국제관광 단체상품의 판매를 공식적으로 금지하고 있지만, 7월 1일부터 '안심여행'이라는 숙박지원금 지원정책을 시행하면서 대만 내에서의 관광은 적극 장려하고 있다. 1박당 1,000 대만달러^{약 4만 원}의 숙박지원금을 지급하는 안심여행 정책에 대한 대만 소비자들의 반응은 폭발적이었다. 39억 대만달러^{약 1천5백6십억 원}에 달하는 안심여행 지원예산이 당초 사업 종료기한이 한 달 넘게 남은 9월에 바닥나서 추가예산 10억 대만달러^{약 400억 원}를 긴급 편성할 정도였다.

- **전 세계 누구보다 해외여행을 좋아하는 대만인들의 성향**

　하지만 안심여행 정책은 전 세계 누구보다 해외여행을 즐기는 대만 사람들의 해외여행에 대한 열망을 채워줄 수는 없었다. 2019년 한 해 우리나라 전체 인구의 56%에 달한 사람이 해외여행을 다녀왔는데, 같은 기간 대만 사람들은 전체 인구의 74%가 해외여행을 다녀왔다. 실로 어마어마한 수치이다. 사스의 트라우마로 오로지 방역위생에만 전념하던 대만 내 사회적 분위기도 방역신생활과 안심여행을 계기로 변화가 일어나기 시작했다. 여행이 다시 일상의 일부로 돌아오자 사람들은 앞 다퉈 여행을 떠나기 시작하였다. 코로나19로 여전히 해외를 나갈 수 없는 대만 사람들은 우리가 제주도를 찾듯 펑후^{澎湖}, 마주^{馬祖}, 진먼^{金門} 등 대만 본섬 주변 낙도지역으로 몰리기 시작했다. 낙도지역에서 숙박하면 추가혜택을 주는 안심여행 정책은 이러한 분위기를 더욱 고조시켰다. 낙도지역에 관광객이 갑자기 몰려 숙박시설이 부족해지자 대만 관광국과 관광업계는 급기야 항구에서 놀고 있던 국제 크루즈선을 투입하여 '낙도 순환 크루즈跳島郵輪 상품'을 개발하기에 이른다. 해당 상품도 불티나게 팔려나갔지만, 연례행사처럼 해외여행을 즐기던 대만 사람들에게 채울 수 없는 아쉬움이 여전했다.

● **관광·항공업계를 살리기 위한 대만 정부의 전향적인 지원**

안심여행 정책으로 대만 관광업계에 일부 숨통이 트이긴 하였으나, 해외여행을 선호하는 대만 사람들의 성향에서 짐작할 수 있듯이 대부분의 여행사들은 국제관광을 위주로 영업을 해왔었다. 비록 같은 여행업이지만 외국인을 자국으로 유치하는 인바운드와 자국민의 해외여행상품을 취급하는 아웃바운드, 자국민의 국내 여행상품을 취급하는 인트라바운드는 고객층도 다르고 각각 고유의 특징이 있는 관계로 생각처럼 쉽게 업무전환이 되지 않는다. 이 때문에 안심여행 정책의 성공에도 불구하고 대다수의 여행사들은 여전히 개점휴업 상태가 지속 되었다. 항공업계와 공항에 입주한 서비스 업체들의 상황도 마찬가지였다. 비행기가 쉴 새 없이 드나들던 하늘과 사람들로 북적이던 공항은 텅 비어버렸다. 정부의 고용유지지원금, 긴급융자금에 기대어 버티는 것도 한계가 있었다. 코로나19로 직격탄을 맞은 관광·항공업계는 생사의 기로에서 활로를 찾기 위해 정부에 다양한 의견을 건의하였다. 정부가 공식적으로 국제관광을 금지한 만큼 관광·항공업계에 활로를 뚫어줘야 한다는 대만 정부의 부담감도 컸던 것일까? 코로나 시기가 아니면 이해하기 힘든 가상출국여행상품들이 대만 정부의 지원 하에 속속 출시되기 시작했다.

● **가상출국여행의 시초 ─ 공항투어**

평소 같았으면 '이런 걸 누가 참여할까?' 싶은 상품이 가장 먼저 등장한 곳은 송산국제공항이었다. 총 180명의 참가자를 모집하여 공항에서 출국수속을 밟고 이륙하지도 않는 비행기에 잠깐 몸을 싣는 '송산국제공항 일일 출국체험(7월 초)' 이벤트에 약 1만 명의 응모자가 몰렸다. 이미 행사 이전부터 대만 언론은 가상출국^{假出國}, 유사출국^{類出國} 등의 이름을 붙여주며 새로운 시도에 주목하였다. 한껏 들뜬 얼굴로 공항에 모여든 행운의 주인공들은 출국하는 기분을 내고자 여행캐리어를 끌고 오기도 하였으며, 신분증과 보딩패스를 받고 출국심사를 받는 순간까지도 연신 즐거움을 감추지 못하였다. 특히 실제 출국으로 이어지지 않는 단순 체험상품이었음에도 불구하고 면세품 구매까지 허가한 대만 정부의 지원에 언론과 소비자들은 너나할 것 없이 다음 이벤트를 고대하였다.

송산국제공항의 바톤을 이어받은 곳은 타오위안국제공항이었다. 타오위안국제공항은 송산국제공항의 출국체험을 변형하여 1,000 대만달러$^{약\,4만\,원}$의 '타오위안국제공항 일일투어 상품(8월)'으로 기획, 전용 홍보사이트를 통해 직접 판매에 나섰다. 타오위안국제공항의 일일투어 프로그램은 새롭게 인테리어를 마쳤지만 승객들을 맞이할 수 없었던 공항 내부의 시설을 참가자들에게 선보이기도 하고, 셔틀버스에 승객을 싣고 활주로를 누비며 공항 이곳저곳을 소개해 주었다. 공항 내 라운지에서 제공하는 점심식사와 경품추첨 이벤트, 각종 후원기업들의 선물 등으로 실제 상품가격보다 더 많은 것을 얻어갈 수 있는 가성비 최고의 상품으로 4천 명의 정원이 약 5분 만에 모두 매진되었다. 특히 타오위안국제공항의 경우 공항 내 면세점 Everrich^{昇恒昌}가 전체 행사를 운영했다는 점 또한 주목할 만한데 면세점 소속 직원들이 일일 안내원으로 투입되어 공항은 별도의 인건비를 지출하지 않아도 되었으며, 면세점 또한 4천여 명의 소비자들이 구매한 면세품 덕에 일부 매출을 낼 수 있었다.

- **목적지 없는 비행의 시작**

타오위안국제공항이 체험프로그램을 소개하는 언론 보도기사 말미에는 대만 민항국, 타오위안국제공항, 항공업계가 조만간 가상출국여행을 위한 항공기도 띄울 준비를 하고 있다는 내용이 언급되었다. 그리고 정말 며

1. 대만 제주상공여행을 즐기는 사람들 (사진 제공 : 관광공사 타이베이 지사)
2, 3. 국내상공여행상품을 이용하는 사람들 (사진 제공 : 제주항공, 아시아나항공)

칠이나 지났을까? 에바항공 Eva Air, 싱위항공 Starlux, 타이거항공 Tiger Air 등이 앞다투어 가상출국여행상품을 하나둘 내놓기 시작하였다. 그중 대만 상공여행의 첫 주인공은 싱위항공이 차지하였다. 대만 소비자들 사이에서 럭셔리 항공사의 이미지를 갖고 있는 싱위항공은 파일럿 출신인 싱위항공 CEO가 직접 운항하는 상공여행상품을 출시해 화제를 불러 일으켰다. 'CEO와 함께 하는 환도環島여행'이라는 테마로 출시된 싱위항공의 상공여행상품은 대만 본섬과 낙도지역을 선회 비행하는 항공기 내에서 특별 기내식을 제공하고 공항과 기내 면세점 쇼핑이 가능하며, 추가비용 지불 시 대만 특급호텔 투숙 할인권 구매가 가능한 상품이었다. 이코노미석 기준 4,688 대만달러약 19만 원부터 비즈니스석 20,888 대만달러약 84만 원에 달하는 상품임에도 188석 전석이 매진되었다. 싱위항공의 첫 상공여행 항공기 운항 다음 날 또 한 대의 특별한 비행기가 대만 상공을 순회하였다. 에바항공의 '아버지의 날 특별기행기'였는데, 8월 8일 아버지의 날爸爸節(父親節)[1]을 맞이하여 가족단위 손님을 타켓으로 기획한 상품이었다. 아이들이 좋아하는 캐릭터인 헬로우 키티 랩핑 항공기와 미슐랭 3스타 셰프의 특별 기내식 등으로 소비자들의 구매욕을 자극하여 309명의 전 좌석 완판을 기록하였다.

- **대만의 상공여행 항공기 제주도 상공에 출현하다**

7월 초 대만 현지의 상공여행 인기가 심상치 않음을 감지한 한국관광공사 타이베이지사는 대만 상공여행 비행기를 한국 상공으로 띄우기 위한 작업에 돌입했다. 운항권, 방역, 비용 등 여러 가지 여건을 검토하여 가장 합리적인 조건을 제시한 타이거에어, 이지플라이와 손을 잡고 상품을 준비했다. 제주상공여행상품은 다른 상공여행상품과 달리 코로나 종료 이후 한국을 재방문할 수 있는 항공권6,888 대만달러, 약 28만 원과 한국 호텔 1박 숙박권8,888 대만달러, 약 36만 원이 포함된 상품이었으며, 한국관광공사와 제주도가 탑승 대기실 및 기내에서의 한국문화체험활동을 지원하였다. 오랜 기간 공을 들

---

1 중국어로 아버지를 뜻하는 '爸爸'와 '八八'의 발음이 같아 대만에서 아버지의 날로 기념

여 준비한 제주상공여행상품은 판매 개시 4분 만에 매진을 기록하였으며, 9월 19일 120명의 승객을 태운 항공기가 실제로 제주도 성산일출봉 상공을 선회한 후 대만으로 돌아갔다. 대만에서 시작된 상공여행 열풍은 제주상공여행상품 이후 커다란 태풍이 되어 세계로 퍼져나갔다. KBS, MBC 등 다수의 한국 언론매체에서 앞다퉈 보도했으며, 월스트리트저널 1면에 실리는 등 여러 외신에서도 코로나 시대의 독특한 관광상품으로 소개하였다. 대만의 상공여행 비행기가 제주도를 다녀간 후 9월 말 국내에서도 아시아나항공과 하나투어가 손을 잡고 국내 상공을 여행하는 목적지 없는 여행상품을 출시하였으며, 판매 개시 이틀 만에 620개 좌석을 완판하였다. 이어 제주항공, 에어부산 등 저비용항공사도 속속 목적지 없는 비행체험 상품 판매 대열에 합류하였다.

- **목적지 없는 비행을 바라보는 서로 다른 시각들**

목적지 없는 비행상품을 보는 개개인들의 시각은 매우 다양하다. 비판적인 시각도 적지 않다. 해당 상품이 관광·항공업계가 당면한 문제를 실질적으로 해결해 주지 못하는 미봉책이며, 정당한 이유 없이 탄소를 배출하여 환경을 오염시킨다는 것이 주된 이유이다. 실제로 해당 상품이 코로나19로 어려움을 겪는 관광·항공업계의 경영난을 타개할 수 있을 정도로 엄청난 수익을 안겨다 주지는 못한다. 하지만, 수익성은 논외로 치더라도 상공여행은 관광·항공업계가 당면한 여러 가지 어려움을 해결할 수 있게 만드는 소중한 기회이다. 코로나19 직격탄을 맞은 관광업계 종사자에게는 극심한 고용불안감을 일부나마 해소할 수 있는 기회이며, 경영진 입장에서는 직원들이 실무감각을 유지할 수 있도록 도와주는 기회가 되기도 한다. 실제로 항공기 조종사들은 항공안전규정에 따라 90일 이내 3회 이상의 이·착륙 및 정기훈련을 거쳐야 운항자격을 유지할 수 있다. 이 때문에 항공사들은 조종사 운항자격 유지를 위해 울며 겨자 먹기로 적자를 감수하고 빈 비행기를 띄워왔다. 코로나19로 직격탄을 맞아 생사의 고비에 선 관광·항

비행기에서 바라본 제주도 상공

공업계에게 목적지 없는 비행상품은 사막 한 가운데서 어렵게 얻은 물 한 모금과 같은 존재라고 할 수 있다.

● **현재도 진화하고 있는 가상 출국 여행상품**

8월부터 11월 초까지 대만에서는 총 27편의 상공여행 항공기가 운항되었고 5천여 명의 승객이 상공여행상품을 체험하였다. 3월 초 코로나 팬데믹이 선언된 지 근 9개월이 지났지만 바이러스와의 전쟁은 아직도 전 세계 곳곳에서 한창 진행 중이다. 전 세계적으로 코로나19 상황이 안정될 기미가 보이지 않자 최근 대만 정부는 가상출국여행 2.0을 추진할 계획이라고 발표하였다. 기존 상공여행의 경우 타오위안국제공항을 출발한 항공기는 반드시 타오위안국제공항으로 착륙해야 했지만, 앞으로는 출·도착 공항 중 하나만 타오위안국제공항을 포함하면 특별운항을 허용할 방침이라고 한다. 비행시간이 최소 3시간 이상이어야 하고, 편도 항공권 가격이 5,500 대만달러^{약 22만 원}를 초과해야 하는 등 몇 가지 조건이 있기는 하지만, 국제관광 재개가 불투명한 현 시점에서 관광·항공업계에 조금이라도 더 도움이 되고 대만 내 항공기를 이용한 관광이 더 활성화 될 수 있도록 가상출국여행의 조건을 좀 더 완화한 것이다. 11월 19일 우리나라 정부도 무착륙 국제관광비행의 운항을 1년간 한시적으로 허용하고 일반여행자와 동일한 면세혜택을 부여할 계획이라고 발표하였다. 국내 관광업계와 여행 애호가들에게는 매우 반가운 소식이다. 가상 출국 여행상품이 앞으로 어떤 식으로 진화하게 될지 기대도 되지만 그보다는 코로나가 하루 빨리 종식되고 관광이 우리의 일상으로 돌아와 가상 출국 여행상품도 시장에서 종적을 감추길 진심으로 기원한다.

Part 4 관광자원 개발

도시재생을 통해 부활을 꿈꾸다

관광지를 홍보하고 관광상품을 기획하는 것만큼 지속 가능한 관광이 되도록 자원을 개발하는 일이 점점 중요해지고 있다. 인류 역사에 새로운 것은 없다고 하지만 우리는 유무형의 관광자원에서 새롭고 의미 있는 것을 계속 추구하고 만들어왔다. 쇠퇴한 도시를 경제적·사회적·물리적으로 부흥시키기도 했고, 무한한 상상력을 발휘해 투박한 황무지를 새로운 자원으로 탄생시키기도 했다. 이제 관광자원 개발의 기준과 과정은 더욱 엄격해지고 세심해져야 한다. 지역 문화와 경제를 살리기 위해 주민들과 협업해야 하고, 자연과 관광의 공존을 위해 자연 훼손을 최소화해야 한다. 전 세계 곳곳에서 치열하게 진행되고 있는 관광자원 개발의 여러 사례들을 자세히 소개한다.

1

도시의 재탄생

모스크바
후쿠오카
싱가포르
상하이

도시는 끊임없이 변해왔다.
폐허로 버려진 곳이 다시 사랑 받는 곳이 되고
경제적으로 높은 부가가치를 낳고
역사를 되새기는 공간이 되는 등
도시는 지금도 변하고 있다.

게다가 첨단 정보통신기술이 더해져
도시는 한층 더 새롭고 편리한 곳이 되어가고 있다.

사람이 너무 많아 숨이 막힐 때도 있지만
그리운 사람들이 함께 살아가는 도시.

계속 진화하며 다시 태어나고 있는
세계의 여러 도시들을 둘러보자.

모스크바

폐허가 문화예술 공간으로 부활하다

뉴홀랜드, 레드 옥토버 등

러시아는 우리에게 시베리아 횡단 열차, 백야, 붉은광장, 크렘린, 표트르 대제, 보드카, 마트료쉬카 등 많은 것을 떠오르게 한다. 특히 상트페테르부르크와 모스크바는 세계적으로 유명한 관광지이다. 반면에 잘 알려지지 않았지만 러시아 현지인들이 자주 찾는 관광지도 많다. 특히 폐공장을 재생하여 시민들이 함께할 수 있는 문화와 예술이 숨 쉬는 공간으로 탈바꿈된 곳이 있다. 도심 속에서 새로 태어나 시민들과 함께할 수 있는 복합문화공간이 된 몇 곳을 방문해 본다.

- **폐허였던 인공섬을 복합문화예술 공간으로 되살리다**

상트페테르부르크는 수많은 섬과 운하들이 300여 개의 크고 작은 다리로 연결되어 있으며, 유럽과 러시아가 절묘하게 어우러져 독특한 분위기를 자아내는 도시이다. 도시 전체가 1990년에 유네스코 세계문화유산으로 지정되었고, '북쪽의 베네치아' 또는 '러시아 문화의 수도'라고 불린다. 제정러시아 당시의 오랜 수도이기도 한 이곳은 러시아 역사의 중심지로, 도시 전체가 박물관이라 불린다. 아름다운 건축물과 도스토옙스키, 푸쉬킨, 차이콥스키 등 세계적인 예술가들의 숨결을 느낄 수 있는 문화예술의 상징적 도시인 이곳에 폐허가 된 인공섬을 정부 주도로 재생하여 시민들에게

1 도시의 재탄생 —— 모스크바

상트페테르부르크

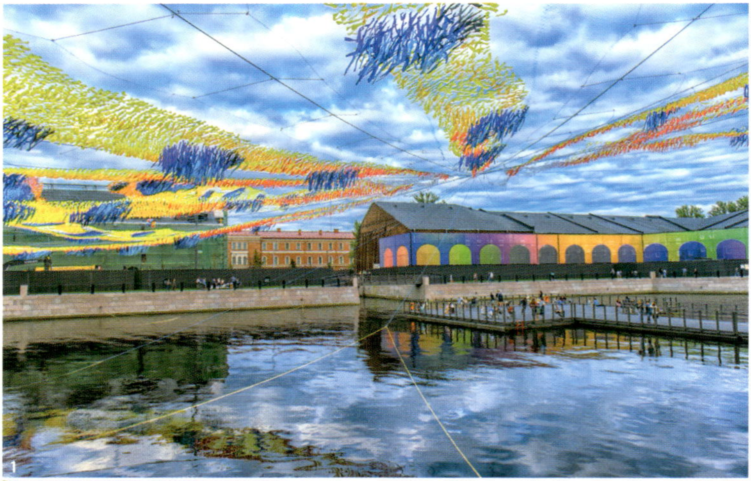
1

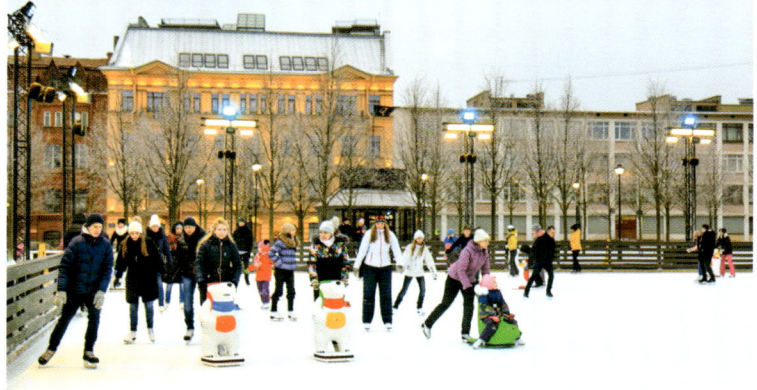

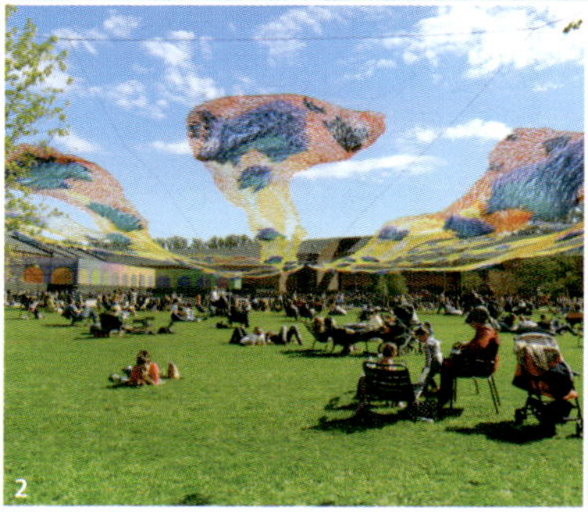
2

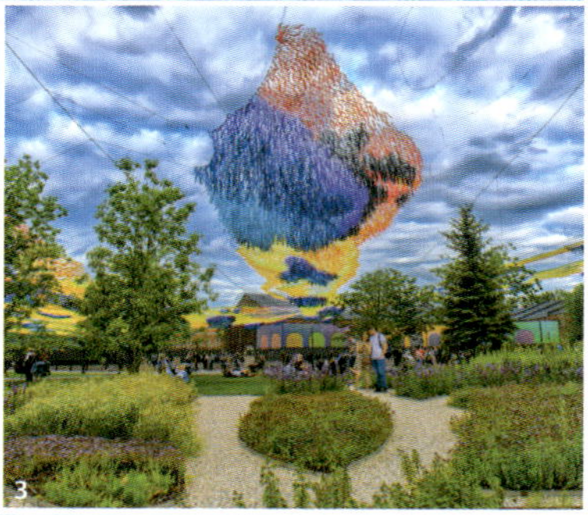
3

4

1, 2, 3. 뉴홀랜드 아일랜드 여름 풍경 4. 뉴홀랜드 아일랜드 아이스링크

편안한 휴식을 제공하고, 때로는 문화를 즐기고, 때론 아이들에게 놀이 장소를 제공해주는 '뉴홀랜드 아일랜드'가 있다.

뉴홀랜드 아일랜드는 상트페테르부르크 시내 중심가에 위치한다. 거대한 개선문과 빨간 벽돌로 된 창고 건물이 섬 외곽을 둘러싸고 있고, 중앙에는 섬 밖 운하와 연결된 호수가 있는 인공섬이다. 뉴홀랜드는 러시아어로 '노바야 골란디야'Новая Голландия로 '새로운 네덜란드'를 뜻한다. 18세기 초 상트페테르부르크를 유럽의 관문으로 만들겠다는 표트르 1세의 구상에 따라 네덜란드인들이 약 2만 3천 평 규모로 만들었다. 해상감옥, 선박연구센터, 라디오방송국 등이 설치되었으며 이후 약 200여 년간 폐쇄적 군사시설로 활용되다가, 제2차 세계대전 때 폭격을 당한 후 경제 침체기를 거치면서 폐허로 방치되었다.

이렇게 방치된 뉴홀랜드가 2000년 초 상트페테르부르크시 주도로 시민을 위한 복합문화예술공간으로 탈바꿈하기 위해 도시재생사업에 들어갔으며, 2010년 말 '뉴홀랜드 개발 회사'가 이 사업의 주체로 선정되어 개발하기 시작했다. 2011년 7월 16일부터 10월 2일까지 약 300년 만에 처음으로 시민들에게 개방되었는데 방문객이 약 50만 명에 이르렀다. 이후 한동안 여름에만 개방되다가 지금은 연중 내내 문을 열고 있다.

현재 뉴홀랜드 아일랜드 내에는 녹지공원, 놀이터, 허브정원, 호수, 문화·공연시설, 극장 등이 주조공장, 해군교도소 등 복원된 역사시설과 어우러져 있다. 또한 콘서트, 영화제, 연극공연, 전시회 등이 연중 개최되며, 특히 여름에는 문화공연과 축제가 열리고, 겨울에는 시민들을 위한 스케이트장이 설치된다. 이제 이곳은 상트페테르부르크의 유명한 관광지와 연계해서 관광객들에게 한 번쯤 둘러볼 만한 또 하나의 관광자원이 되었다. 2025년 도시재생 완성을 목표로 현재도 사업이 진행 중에 있다.

- **비어 있던 공장이 새롭게 변신하다**

모스크바는 러시아의 수도이자, 유럽에서 인구가 가장 많은 도시이다.

뉴 홀랜드 아일랜드 전경

18세기에 상트페테르부르크로 수도가 옮겨지기도 했지만, 러시아혁명 뒤 1918년 3월 레닌의 제창에 따라 다시 수도가 된 모스크바는 정치·문화·경제·교통의 중심지로서 급속한 발전을 거듭하고 있다. 또한 붉은광장, 크렘린, 노보데비치 수도원, 아르바트 거리 등 많은 관광자원이 있으며, 시민들이 자연을 만끽하고 문화생활을 즐길 수 있는 공원, 극장, 박물관, 미술관 등이 많다.

 모스크바를 여행해 본 사람이라면 아기 얼굴이 그려진 러시아의 국민 초콜릿 '알룐카'를 본 적이 있을 것이다. 이 초콜릿을 생산하는 곳이 바로 '레드 옥토버'Red October라는 초콜릿 공장이다. 레드 옥토버는 아르바트 거리에서 과자와 초콜렛을 생산하던 한 독일인이 1861년 현재 모스크바 강변에 새로운 공장을 지으면서 생겨난 곳이다. 레드 옥토버는 당시 모스크바의 5대 초콜렛 공장에 속했으며, 1918년 공장이 국유화되면서 공장 이름이 '국립 1번 과자 공장'State Confectionery Factory No 1으로 바뀌는 수난을 겪기도 했지만, 1922년에 '10월 혁명'을 기리는 의미에서 다시 레드 옥토버로 바뀌게 되었다. 그후 사업이 번성하여 모스크바 최대의 초콜릿 공장으로 성장했으나, 2007년 수도 내 역사 중심지 내의 산업시설을 이전하는 정부 프로젝트로 인해 공장을 폐쇄하고 이전하게 되었다. 새로운 회사가 인수하면서 아파트단지로 개발하려고 했으나, 2008년 경제위기로 계획을 변경하여 원형을 유지한 채로 공장을 재생하기에 이르렀다.

 그래서 레드 옥토버의 외관은 공장 분위기이지만, 골목 위로 빨간 벽돌 건물들을 이어주는 통로가 꼭 브루클린브릿지와 비슷한 느낌이 나기도 하고, 내부에는 예쁜 레스토랑과 카페, 특히 클럽들이 많아서 관광객들보다는 현지 젊은이들에게 인기 있는 장소로 떠오르게 되었다. 또한 갤러리, 스튜디오, 사무실까지 있어 한마디로 복합문화공간으로 활용되고 있다. 유명 관광지인 아르바트 거리와 붉은광장이 멀지 않아서 매일 약 1만 5천 명이 방문한다고 한다.

 아트플레이Artplay는 1886년 설립된 한 공장이 예술 공간으로 재창조된

1 도시의 재탄생 —— 모스크바

1. 레드 옥토버 공장 전경   2. 러시아 초콜릿 알룐카   3. 레드 옥토버 로고   4. 레드 옥토버 공장 야경

곳이다. 이 공장은 러시아혁명 이전까지는 증기기관차용 부품을 생산했고, 1930년대에 들어서서는 항공 및 지하철 등 여러 산업 분야의 부품들을 생산하면서 규모가 커졌다. 그러다가 2000년대 중반 새로운 소유자가 공장 시설을 이전하면서 빈 공장이 되었다. 이 빈 공장을 '아트플레이 디자인 센터'Artplay Design Center가 2007년에 구입해서 모스크바의 중심에서 창조적인 작업과 휴식을 겸비한 곳으로 개발하기 시작하여, 2008년에 러시아 최초의 크리에이티브 클러스터로 조성했다.

아트플레이는 외관은 낡고 오래되었지만 내부는 리모델링되어서 약 200여 개의 상점과 쇼룸, 디자인 스튜디오, 전시 및 콘서트홀, 영화관, 서점, 카페, 레스토랑, 어린이 스튜디오 등이 있다. 특히 2017년 11월에 '2018 러시아 월드컵'의 공인구인 '텔스타18'이 베일을 벗는 발표회가 이곳에서 개최되어 주목받기도 했다.

파리의 마레 지구나 밀라노의 브레라 지역이 연상되기도 하는 아트플레이는 비어 있던 공장을 도시재생을 통해 되살리면서 많은 러시아 시민들, 특히 예술인들이 일과 휴식을 겸비한 생활을 즐길 수 있는 곳으로 탈바꿈되었다. 현재 디자인, 건축, 예술 관련 전문가들이 주로 활동하고 있으며, 60개가 넘는 건축 관련 회사, 40개의 디자인 스튜디오, 20개의 광고대행사 등 400여 개의 회사들이 입주해 있다.

플라콘 디자인 공장Flacon Design Factory은 1864년 한 프랑스인에 의해 향수 제조용 크리스탈 공장으로 설립된 곳으로, 향수병, 램프, 건물 유리 등 유리 제품을 생산하던 곳이었으며, 국유화와 민영화를 되풀이하다가 적자로 인해 2000년대 초 완전히 폐쇄된 채 몇 년 동안 비어 있었다. 2005년 한 프랑스인 기업가가 이곳을 구입하면서, 처음엔 이곳을 비즈니스센터로 개발하려고 하다가 2008년 경제위기 후로 창의적 활동을 하는 회사들에게 공간을 임대하되 공장의 원형은 유지하는 방식으로 단순화하여 재생되었다.

2009년에 오픈한 플라콘 디자인 공장의 특징은 임차인이 자신의 취향과 상상에 따라 자신의 공간을 직접 디자인하는 방식으로 리모델링하는 것

1, 2. 아트플레이 외관　3. 아트플레이 멀티미디어 전시

1 도시의 재탄생 —— 모스크바

1 도시의 재탄생 —— 모스크바

1. 플라콘 디자인 공장 외관   2. 프랑스의 날 행사 모습   3. 플라콘 디자인 스토어 입구
4. 플라콘 디자인 공장을 견학하는 사람들

이다. 이렇다 보니 자연스럽게 '원하는 것을 하십시오!'라는 플라콘만의 모토가 탄생되었다. 현재 플라콘에는 갤러리, 크리에이티브 에이전시, 스튜디오, 레스토랑, 카페, 상점, 서점 등 100개 이상의 회사가 있으며, 콘서트, 공연, 각종 회의, 축제, 이벤트 등을 진행하기 위한 장소도 준비되어 있다. 이곳에서는 각종 전시회, 공연, 교육프로그램 등 완전히 다른 형식의 행사들이 주간 단위로 열리고, 특히 여름에는 각양각색의 축제들이 개최되면서, 유리 제조공장에서 시민들이 자연스럽게 문화생활을 즐길 수 있는 공간으로 완전히 탈바꿈하게 되었다.

- **삶의 질 향상을 위해 문화생활 공간을 늘리자**

우리나라에서도 폐공장들이 재생되어 문화공간, 카페 등으로 활용되는 사례가 여럿 있다. 전주시는 20년간 방치된 산업단지 공장을 전시·창작 공간을 갖춘 문화공간인 '팔복예술공장'으로 탈바꿈하였으며, 부산광역시의 'F1963'은 2008년 폐공장이 된 고려제강 수영 공장을 고려제강 측에서 복합문화공간으로 새롭게 탄생시켰다. 그 결과, 현재는 연간 60만 명 넘게 방문하는 관광지가 되었다. 그리고 인천광역시에서는 낡은 폐공장들을 카페로 바꾸어 최근 '뉴트로'로 새로운 복고 열풍을 일으키며, 젊은이들 사이에서 SNS 인증 성지로 인기를 끌고 있다. 도시의 흉물로 남아 있는 폐공장 등의 혐오 시설은 미관을 해치고 시민들의 기피 장소가 될 수밖에 없다. 개인이나 민간기업의 투자로 개발이 되면 바람직하겠지만, 그렇지 않다면 정부가 주도해서라도 어떤 방식으로든 재생시킬 필요가 있다. 특히, 이러한 공간이 시민들의 휴식공간이 되고 문화생활을 즐길 수 있는 공간이 되도록 개발한다면 시민들의 삶의 질을 향상시킬 수 있다고 본다. 이러한 방식의 도시재생을 통해 내국인들이 많이 찾는 곳이 되면, 자연스럽게 외국인 관광객들도 방문할 수 있는 곳이 될 수 있을 것이다.

후쿠오카

스마트한 도시, 더 편해진 여행

일본형 스마트 시티

최근 우리는 정보통신기술^{ICT}의 발달로 사물인터넷^{IoT}, 클라우드^{Cloud}, 빅데이터$^{Big\ Data}$, 인공지능^{AI}, 가상현실^{VR}, 증강현실^{AR}, SNS 등을 활용하여 편리한 생활을 해나가고 있다. 사실 2016년 1월 세계경제포럼에서 '4차 산업혁명'이 처음 등장했을 때만 해도 앞에서 언급한 용어들은 낯설고 기술 지향적인 것들로 우리 삶과는 무관한 듯 보였다. 하지만 4년이 지난 지금, 마음만 먹으면 다양한 'ICT 서비스'를 스마트폰으로 이용할 수 있는 시대가 되었으며, 그 범위 또한 관광, 교통, 쇼핑, 교육 등 산업 전반으로 확대되고 있다. 이후 '4차 산업혁명'은 정보통신기술 기반의 새로운 산업 시대를 대표하는 용어가 되었다.

전 세계는 향후 더욱 심화될 인구증가 및 도시집중에 따른 환경오염, 교통체증, 주택 부족 등의 도시 문제, 자원 경제의 한계, 저출산·고령화 문제 등 여러 문제들에 직면해 있다. '스마트 시티'$^{Smart\ City}$는 빅데이터, ICT, AI 등을 활용하여 도시의 교통, 관광, 방재, 건강·의료, 에너지·환경 등 생활의 여러 분야에 걸쳐 삶의 질 향상을 도모하고, 사회가 직면한 문제들을 해결하기 위해 새로운 핵심적 기술이 집약된 '디지털 플랫폼'이다. 나아가 이러한 문제 해결을 넘어 네트워크를 기반으로 상호 연결된 살아 움직이는 도시를 만들기 위해 스마트 시티는 전 세계가 지향하는 흐름이 되고 있다.

각국의 발표에 따르면 중국은 2020년까지 스마트 시티 500개 건설 및 182조 원을 투자할 예정이고, 인도 역시 2022년까지 100여 개의 스마트 시티 건설계획을 발표하여 1조 4천억 원을 투자할 계획이라고 한다. 이렇게 많은 국가에서 스마트 시티에 대한 기술적 투자와 예산 지원을 확대하고 있다.

- **지역의 모두가 함께 만드는 '일본형 스마트 시티'**

고령화, 지방 소도시·노후 도심 쇠퇴 등의 사회문제를 겪고 있는 일본에서는 지역사회 문제 해결 및 지역 활성화를 위한 해법으로 스마트 시티를 추진하고 있으며, 인구와 도시 규모 등 지역 상황을 고려하여 각기 다른 스마트 시티를 구축해 나가고 있다. 특히 미국, 유럽의 스마트 시티 추진 모델과 달리 일본은 지역공동체 기반의 도시재생사업을 주축으로 일자리 창출, 스타트업 지원, 주민 참여 서비스 등을 시행하기 위해 지역 및 주민 참여를 주요 요소 중 하나로 삼고 있다.

그중 후쿠오카는 규슈 지역의 경제, 사회, 정치의 중심지로 규슈 제1의 도시이다. 특히 일본 내에서도 높은 인구증가율을 보이는 지역으로 향후에도 지속적인 증가가 예상된다. 또한 후쿠오카는 국내외에서 인기 있는 관광지로, 2019년 기준 6년 연속 관광객 수가 증가하기도 했다. 국제공항 및 일본 최초 항구인 하카타 항이 도심과 20분 내에 있어 인적·물적 교류에 유리한 입지조건을 가진 지역이기도 하다. 후쿠오카는 이러한 지역적 특징을 십분 활용하여 교통과 유통에 관련된 기술들을 바탕으로 스마트 시티 사업을 추진하고 있다. 특히 도심의 중심부와 공항에서 각각 5km 이내에 있는 지역, 즉 교통의 요지에서 스마트 시티 실증사업이 실시되었다는 점이 흥미롭다. 이 지역은 지하철, JR선, 니시테츠선 등 3개 노선, 3개 역 이용이 모두 가능한 교통의 요지이다. 후쿠오카는 해당 지역에서의 스마트 시티 실증실험 결과를 향후 시 전체에 반영하는 것을 목표로 하고 있다.

현재까지 진행된 실증실험은 자율주행버스 운행, 자율주행 로봇 실험,

드론 배송 실증실험 등 교통 및 이동 관련 사업을 중심으로 한 실험이다. 자율주행버스는 고령화 등에 따른 교통 약자에 대한 이동 지원을 위해 시작되었으며, 적은 예산으로 교통 오지에도 적용할 수 있어 향후에는 시민뿐만 아니라 관광객들에게도 활용 가능할 것으로 보인다. 또한 벤처기업 등이 참여한 드론 배송 실험은 일본 최초로 국내 대도시 중심부에서 시행된 것으로, 외곽지역에서 하는 실험과 달리 방해 전파 및 소음에 대응하여 도심에서도 안전하고 정확하게 드론을 운용하는 데 그 목적이 있다. 향후 드론 운송 실용화를 위한 제도적 기반도 함께 마련할 예정이다.

같은 규슈 내에서도 나가사키현의 시마바라는 후쿠오카와는 조금 다른 방식으로 관광에 특화된 스마트 시티를 구축하고 있다. 시마바라는 일본 최초의 국립공원인 운젠온천, 시마바라성 등 많은 관광자원을 보유하고 있는 관광도시임에도 불구하고 교통, 접근성 등이 불편하여 관광자원을 제대로 활용하지 못하던 지역이었다. 이를 철도, 노선버스, 택시, 선박 등을 운영하는 '(주)시마바라철도'가 중심이 되어 '모빌리티 이동수단 서비스'를 기반으로 '교통, 관광, 방재' 세 분야를 아우르는 스마트 시티를 추진 중이다.

후쿠오카 스마트 시티의 경우 교통 요지에서 실증사업을 시작하여 생활에 바로 접목시킬 수 있도록 하는 등 시민의 삶의 질 향상을 위해 추진하고 있다면, 나가사키현 시마바라의 스마트 시티는 처음부터 관광 활성화를 위해 추진되었다는 점에서 차이가 있다. 관광이 주요 기반 산업인 규슈 지역에서 추진되고 있는 다양한 형식의 스마트 시티는 지역사회의 요구와 관광객의 편의를 조화시키기 위한 관광형 스마트 시티의 한 예로써 지속적으로 주목할 필요가 있다.

● **스마트 시티와 관광, 그리고 포스트 코로나19**

미래의 사회문제 해결을 위해 시작된 스마트 시티는 생활의 편리성을 크게 향상시킨다는 면에서 일상 생활과 관광 모두에 큰 이익을 줄 것으로 예상된다. 하지만 몰려드는 관광객으로 몸살을 앓는 유명 관광지들의 오버

1 도시의 재탄생 —— 후쿠오카

1. 후쿠오카 스마트이스트 홈페이지   2. 드론 배송 실증실험

투어리즘 문제, 과도한 관광객 방문에 수반되는 환경오염 문제 등 주민의 일상생활과 관광객의 편익이 상충되는 경우가 적지 않게 발생하고 있다. 이를 해결할 수 있는 대안 중 하나가 바로 스마트 시티의 기술력이다. 빅데이터 분석 및 정보 발신을 통한 관광지 혼잡도 해소, 디지털 기술을 활용한 관광 안내, 모빌리티 이동수단 서비스를 활용한 교통 서비스 확충 등은 관광객의 요구에 부합하는 동시에 해당 지역주민이 오버투어리즘 문제로 겪는 불편함도 해소할 수 있다.

또한 스마트 시티는 2020년 코로나19로 인해 발생한 많은 문제를 해결하기 위한 실마리가 될 것으로 기대된다. 코로나19 이후의 세상은 아직 막연하나 삶과 산업은 크게 변화할 것이며 특히 '디지털'과 '비대면'을 중심으로 크게 재편될 것으로 보인다. 이러한 상황에서 스마트 시티의 기술력은 포스트 코로나19 시대의 변화와 발맞추어 활용도가 더욱 높아질 것으로 예상된다. 스마트 시티의 기술을 활용한 관광지 혼잡 완화, 비대면 예약·결제, 비대면 안내서비스 등 관광산업의 새로운 요구들을 해소할 대안으로 스마트 시티에 대한 중요성이 더욱 확대될 것이기 때문이다.

- **IT 강국, 한국에서의 스마트 시티 그리고 스마트 관광**

우리나라도 다른 나라들이 직면하고 있는 인구 감소, 지방 소도시 소멸 등의 사회문제가 점차 심화되고 있다. 특히 몇 년 전부터 지역 문제 해결을 위한 방안으로 지역 관광 활성화와 스마트 시티 구축에 계속 주목해왔다. 이미 세종시와 부산시에서는 스마트 시티 국가시범도시 사업이 진행되고 있으며, 한국관광공사에서는 2020년 관광을 중심으로 한 스마트 시티 구축 사업인, 스마트 관광도시 사업을 추진 중이다. 총 21개 지자체 중 최종 후보 대상지로 인천광역시, 강원도 속초시, 경기도 수원시를 선정하여 2021년 상반기 스마트 관광도시 오픈을 목표로 하고 있다. 스마트 관광도시의 오픈으로 관광객들은 스마트 시티의 플랫폼을 활용하여 교통, 쇼핑, 환경, 안전 등의 정보에 손쉽게 접근하여 관광서비스를 더욱 편리하게 이용할 수 있을 것이다. 2019년 세계경제포럼이 발표한 한국의 국가경쟁력은 141개국 중 13위이다. 그중에서도 'ICT 보급 수준' 평가는 2년 연속 세계 1위로 한국은 세계적인 IT 강국이다. 한국의 강점인 정보통신기술을 더욱 활발히 활용한다면 스마트 관광도시 등 다양한 분야에서 스마트 시티를 구축할 수 있을 것이다. 도시재생과 스마트 시티를 연계하여 시민의 생활 만족도와 관광 편의성을 동시에 제고할 수 있는 복합적인 스마트 시티가 하루빨리 구축되기를 소망한다.

싱가포르

관광산업을
성장시키는 도시재생

숍하우스 리모델링

싱가포르의 거리를 걷다 보면 특이한 모양의 건물이 심심치 않게 보인다. 보통 이층이나 삼층집으로 되어 있는데 1층은 음식점이나 커피숍, 과일가게 같은 일반 상점인데 위층은 사람이 사는 집처럼 생겼고 창문이 있다. 폭이 아주 좁은 이런 집들이 다닥다닥 어깨를 마주 대고 붙어 있는데, 가장 특이한 점은 집들의 다양한 색깔이다. 과감할 정도로 원색으로 꾸며진 집들도 있고, 은은한 파스텔톤으로 주변 경관과 조화를 이루는 집들도 있다. 이런 집들을 싱가포르의 전통 건축 양식인 숍하우스Shophouse라고 하는데, 말 그대로 가게Shop와 주택House이 공존하는 주상복합 건물인 셈이다. 생각보다 이들의 역사는 깊고 다채로운 색깔만큼 우리에게 시사하는 바도 다양하다.

● **숍하우스의 역사와 기능**

싱가포르를 비롯한 동남아시아의 주요 도시들에 숍하우스 건축문화가 형성된 것은 중국인 이민자 그룹이 각 제국주의 식민지 영역에서 차지하고 있던 위상 및 역할과 관련이 있다. 19세기 영국을 비롯한 서구 제국주의 국가들의 식민지 경영방식이 대농장 혹은 광산 운영처럼 1차 상품을 대량생산하는 방식으로 전환되면서 대규모 노동력이 필요하게 되었다. 그에 따라

1 도시의 재탄생 —— 싱가포르

숍하우스 외관

5피트 통로

중국인, 인도인 등의 이민자들과 현지인들의 이동과 이주, 현지 적응 등의 해결이 시급해졌고 동시에 각종 도시 인프라가 필요하게 되었다. 숍하우스 건축 양식은 이러한 상황에서 중국인 상인 그룹이 도시 생활에 필요한 각종 인프라를 제공하는 주요한 건축 양식이 되었다. 숍하우스로 주상복합의 도심지 거리를 형성함으로써 도시환경에 필수적인 상가 수요를 충족하고, 베란다 공간을 통해 기후적 고려와 함께 쇼핑 아케이드를 외부에 둠으로써 상품의 매매가 쉽도록 고려한 것이다.

숍하우스는 과거 싱가포르에서 지역사회의 주요한 구성 요소이기도 했다. 숍하우스의 소유주들은 1층에서 사업을 하고 위층은 가족과 사적인 거주 공간으로 이용했는데, 당시 상업과 지역사회의 특성상 이러한 생활 형태는 드문 일이 아니었다. 가끔은 몇 가족이 숍하우스의 거주 공간을 함께 사용하기도 했다. 숍하우스는 폭은 좁지만 길었기 때문에 공간을 분할하여 여러 가구를 배치할 수 있었다. 다시 말해 대부분 여러 채의 집들이 벽 하나를 사이에 두고 다닥다닥 붙어 있었다. 위에서 보면 붉은색 타일로 된 경사진 지붕이 물결치는 듯한데, 특이한 점은 집안의 공기를 순환시키기 위한 창이 지붕에 나 있었다는 것이다. 화재가 발생하면 옆집으로 번지는 것을 막기 위해 지붕과 지붕 사이에 칸막이를 둔 것도 독특하다.

- **숍하우스의 5피트 통로**

숍하우스의 입구는 아케이드를 지나 1층에 있다. 이 좁고 긴 길은 '5피트 통로'Five-feet Way라고 불렸는데 아마도 5피트약 1.5m인 통로의 폭 때문에 붙여진 이름이었을 것이다. 이 통로는 베란다라고 불리는데, 숍하우스 여러 건물 전체에 이어져 있으며 언덕이나 경사에 지어진 특성상 보폭 간격이 짧다. 숍하우스의 내부는 사적인 공간이지만 이 5피트 통로는 공용 공간으로 여겨져서 누구라도 이 좁은 길을 따라 걸을 수 있다. 싱가포르 숍하우스의 건축 양식은 동남아시아 다른 지역의 양식과 다른데, 이는 식민 싱가포르를 건설한 스탬포드 래플즈 경이 숍하우스의 전면을 통일하고, 통로의 폭

규격을 구체적으로 명시하여 통일성을 유지했으며, 보행자들이 편리하게 이용할 수 있도록 했기 때문이다.

● 숍하우스 재개발 과정과 그 가치

싱가포르 도시재개발청은 18~19세기에 대거 지어진 숍하우스를 보존해야 할 문화재로 지정하고 개보수 작업을 꾸준히 해왔다. 전통적인 외관은 보존하되 배수나 난방 시스템 등 내부는 개·보수하도록 했다. 이 개·보수작업은 1970~90년대에 도시 재개발 사업의 하나로 이뤄졌다. 차이나타운, 리틀인디아 같은 곳들이 점점 슬럼화되어갈 때 싱가포르 정부가 막대한 돈을 투입해 숍하우스들을 리모델링하면서 도로 정비 사업도 진행했다. 도시재개발청에 따르면 차이나타운, 리틀인디아, 캄퐁 글램, 보트키, 클락키, 카이른힐, 에메랄드힐 등 10여 개 지역에서 1989년까지 3,200개가 넘는 숍하우스를 개·보수했고, 지금까지 숍하우스를 포함해 총 7,000개의 전통 가옥을 개·보수한 상태다. 이렇게 개·보수를 거친 숍하우스들은 현재 호텔, 호스텔이나 바, 카페, 옷가게, 골동품 상점, 웨딩숍 등 다양한 공간으로 변신했다. 1층은 카페로, 2~3층은 변호사 사무실이나 치과 등 사무공간으로 쓰이기도 한다. 싱가포르의 이국적인, 그러면서도 전통적인 모습을 한눈에 볼 수 있는 숍하우스를 찾는 외국인 관광객들도 점점 많아지고 있다.

개·보수된 숍하우스의 매매 가격은 수십억 원 대를 넘나든다. 싱가포르 부동산업계에 따르면 연면적이 325㎡인 3층 숍하우스 매매 가격이 싱가포르 달러로 무려 690만 달러^{약 56억 원}였다. 관광객들이 많이 몰리는 클럽 거리에 있는 74㎡ 크기의 작은 숍하우스는 싱가포르 달러로 850만 달러^{약 69억 원}에 거래되었다. 최근에는 리모델링을 통해 숍하우스를 스타트업 사무실로 활용하는 추세다.

싱가포르의 숍하우스는 도시재생의 정의에 거의 완벽히 부합하는 사례로 볼 수 있다. 숍하우스의 리모델링을 통해 도시개발로 인한 슬럼화를 차단하고 고급 상점, 호텔 등을 유치함으로써 건물의 부가가치도 끌어올렸다.

리모델링한 숍하우스를 볼 수 있는 싱가포르 차이나타운

최근 몇몇 숍하우스는 SNS 성지로 등극하여 전 세계 관광객들의 촬영명소가 되었으며, 이를 통해 창출되는 상권 부활 등의 경제효과는 싱가포르의 관광산업을 성장시키는 데 큰 역할을 하고 있다.

- **도시재생사업이 지역관광 활성화로 이어지려면**

오래된 자원의 가치를 살려 지속 가능한 관광자원으로 활용했다는 점에서 우리도 싱가포르의 숍하우스에 주목할 필요가 있다. 다만 지역문화와 경제를 살리기 위해서는 도시재생사업 과정에서 지역 주민들과 협업하는 과정을 충분히 거쳐야 한다. 그렇게 되어야만 지역관광 활성화로 이어질 것이기 때문이다.

우리나라는 도시 단위에서 나타나는 일부 지역의 슬럼화·노후화 문제와 동시에, 저출산과 고령화 문제가 심화되고 있다. 또한 지속적인 국토 균형발전 정책에도 불구하고 수도권 도시 집중화 문제가 해결되지 못했고, 지방 소멸 문제까지 대두되기 시작했다. 이 가운데 국토교통부에서 주관하고 있는 주민참여형 도시재생사업이 대폭 활성화되었다. 하지만 지나치게 정부 주도로 진행되고 있다거나 지역 활성화와 삶의 질 개선에 필수적인 기반시설 확충, 교통환경 개선, 경쟁력 있는 사업이 부족하다는 의견들도 있다. 단순히 환경개선만을 목적으로 도시재생사업이 진행된다면 1차 목표 달성에 지나지 않을 것이다. 지역 주민들의 삶의 질을 향상하는 동시에 내외국인들에게 고유하고 차별화된 관광 경험을 선사하려면 지역 주민과의 협업이 꼭 필요하다. 누구보다 그곳에 오래 살고 있는 주민들이 그 지역을 가장 잘 알고 있기 때문이다.

상하이

상하이 안에 있는 유럽

상하이에서 만나는 맨해튼, 생제르맹 데프레, 테이트모던

　창덕궁 해설사 투어, 북촌 산책, 한정식 점심 식사, 전통공연 관람, 막걸리를 곁들인 저녁 식사, 그리고 한옥 게스트하우스에서의 숙박. 서울을 방문한 외국인 친구를 위해 준비한 하루 투어 일정이다. 훌륭하다 싶다. 일정 하나하나가 한국적 요소로 가득하여 제대로 된 진짜배기 한국을 보여줄 수 있겠다 싶어 흐뭇하기까지 하다.

　반대로 상하이에서 외국인 친구에게 상하이의 진면목을 보여주는 방식은 다르다. 프랑스 조계지에서 브런치 식사, 시안현대미술관에서 '퐁피두전' 관람, 와이탄 3호 건물에서 노을을 보며 애프터눈 티 마시기, 미슐랭 레스토랑에서 프랑스 요리로 저녁 식사, 그리고 불가리 호텔에서 포트 와인 한 잔으로 마무리. 이것이 현지인과 함께한 상하이 투어 일정이다.

● **상하이에서 즐기는 유럽**

　상하이에 대한 인상을 한마디로 말한다면 '가장 중국답지 않은 중국'이다. 아니 '가장 유럽스러운 아시아 도시'라는 표현이 더 적절하겠다. 여름이 되면 '헝산루'衡山路는 백 년 된 프랑스 오동나무 잎으로 뒤덮여 대낮에도 거리가 어두컴컴할 정도다. 좁다란 길 양옆으로 남부 프랑스식, 스페인식, 영국식, 독일식 주택과 빌라가 줄지어 있고, 세심하게 들여다보면 건축 당시 유럽에서 유행하던 아르누보Art Nouveau 스타일 등으로 장식된 걸 볼 수 있다. 건물 안쪽에는 미슐랭 스타 요리사 장 조지의 레스토랑, 피에르 가니에르 베이커리 카페, 조엘 로부숑 마카롱 카페, 영국식 클로티드 크림을 발라 먹는 스콘 전문점에서 베트남식 프랑스 요리점까지…… 여기가 중국인지 유럽인지 헷갈릴 정도이다.

사실 이 모든 것들은 중국인들에겐 가슴 아픈 강점기 역사의 잔재다. 1842년 영국과의 아편전쟁에서 패배한 청나라는 상하이를 포함한 5개 항구를 강제로 개방했고 1845년에는 영국에게 상하이 항구 일대를 불평등하게 할양한다. 이내 미국과 프랑스 등 서양 열강들은 실권 없는 청 정부로부터 토지를 강제로 할당받거나 헐값으로 구매해서 개발했다. 이 지역들은 조계지租界地로 명명됐지만 사실상 식민지와 다름없었다. 서양식 건축물들이 세워지고 그들의 문물이 들어와 서양인들과 일부 상하이 특권층에 의해 향유되었다. 서양과 중국을 잇는 선박들이 드나들면서 황푸 강변은 번영을 이루었고, 20세기 초 대형 건축물이 밀집하면서 지금의 '와이탄'外灘이 생겨났다. 와이탄에서 내륙 쪽으로 서양 열강들이 분할하여 소유하던 지역 중 원래의 모습을 간직하며 오늘날까지도 유명세를 떨치고 있는 지역이 '프랑스 조계지'이다.

와이탄에서 프랑스 조계지까지 서울로 치면 몇 개 동洞은 됨직한 면적인데, 이곳에 크고 작은 서양식 고건축물들이 100년 전 모습 그대로 자리 잡고 있다. 주말마다 상하이 사람들과 관광객들은 이 서양식 건축물을 배경으로 SNS에 올릴 사진을 찍고, 내부로 들어가 당시의 서양인들처럼 식사하고 차를 마시고 각종 서비스를 받으며 즐거운 시간을 보낸다.

여기서 언급하고 싶은 점은 식민지 시대의 유물에 대한 상하이 사람들의 태도와 자세. 와이탄 건물 중에는 우리가 1995년 철거한 광화문 조선총독부와 같은 기능을 한 곳도 있을 것이다. 하지만, 상하이시 정부는 건물 하나하나를 '모범역사건축물'Heritage Architecture로 지정하여 세심한 관리규정으로 보호하며 상하이의 대표적인 관광자원으로 홍보하고 있다. 특별하게

1. 프랑스 조계지의 우캉(武康)빌딩   2. 프랑스 조계지를 거니는 사람들   3. 난징루(南京路)
4. 프랑스 조계지에 위치한 서양식 건축물

상하이의 노천카페

관리되고 있는 와이탄 핵심 건물에는 유명 미슐랭 레스토랑이나 스타 셰프와 파티셰의 디저트 가게들을 입점시키기도 했다. 상하이 사람들과 시는 공공연하게 상하이를 '아시아의 작은 유럽'이라는 타이틀로 소개하면서 외국인 관광객들을 와이탄과 프랑스 조계지로 안내하고, 지금은 그들의 일상이 된 100년 전 서양 열강들의 문화를 즐겨보라고 한다. 그들은 마치 이렇게 말하는 듯하다. "이곳의 유럽을 마음껏 즐겨봐, 그래 봤자 그 유럽은 상하이 안에 있는걸!"

● **상하이에서 만난 맨해튼**

미국의 맨해튼과 중국의 상하이는 참 많이 닮았다. 허드슨강과 이스트 강으로 둘러싸인 맨해튼은 17세기 네덜란드와 영국의 식민지였고 이후 유럽 열강들에 의해 발전되었으며, 현재는 월가를 중심으로 하는 금융지구와 엠파이어스테이트 빌딩 중심의 상업지구, 그리니치빌리지, 메트로폴리탄미술관과 뉴욕현대미술관 등 세계 최고 수준의 문화예술 구역 등으로 구성된 세계의 상업·금융·문화 중심지이다.

황푸강 상하이 항에 도착한 유럽 열강이 일대를 조계지로 삼은 이후 상하이는 중국에서 가장 빠른 발전과 성장을 이루었다. 현재 상하이는 명실공히 아시아의 대표 금융도시인 동시에 아시아의 대표 소비도시이기도 하다. 푸동 금융지구에는 세계 랭킹 10위 안에 드는 고층 빌딩인 상하이타워와 상하이세계금융센터가 있다. 2010년 엑스포를 계기로 황푸 강변에 '상하이중화예술궁'中華藝術宮과 '상하이현대미술관'上海當代藝術博物館 등 대형 미술관을 설립했고, 최근 들어 황푸강 서남지구에 대규모 예술 단지를 조성하는 등 문화산업 발전을 위해 전력질주하고 있다.

맨해튼에 가면 반드시 해야 하는 일이 있다. 록펠러 센터나 엠파이어스테이트 빌딩 전망대에서 야경을 보는 것이다. 멀리 허드슨강으로 노을이 지기 시작하면 초현대식 건물에 하나둘 불빛이 켜지고 멀리까지 펼쳐지는 마천루 야경이 황홀한 풍경을 자아낸다. 상하이에서도 놓치지 말아야 할 관광코스가 바로 '와이탄'의 야경이다. 황푸강 서쪽에 있는 와이탄에는 19세기부터 20세기 초까지 건립된 서양식 고건물 21동이 원형 그대로의 모습으로 남아 있다. 같은 시기 서유럽에서 유행했다는 전통 아르데코 스타일, 독일식 네오 바로크 양식, 러시아 후기 고전주의 양식들이 큼직큼직한 건물들 사이에 뒤섞여 있고 건물들에는 엄선된 부띠끄호텔, 파인 다이닝 레스토랑&카페, 럭셔리 브랜드숍들이 자리 잡고 있어, 관광객들은 특색 있는 100년생 고건축물에서 세계 최고 수준의 식사를 즐기며 멋진 와이탄의 야경을 감상할 수 있다. 와이탄의 야경이 맨해튼을 능가할 수 있는 것은 와이탄에는 100년 역사를 지닌 고건축물이 연출하는 '클래식함'과 황푸강 동쪽에 위치한 마천루들이 주는 '모던함'을 동시에 즐길 수 있기 때문이다. 푸동 금융지구의 상징 '동방명주'와 '상하이타워', '상하이세계금융센터' 등 초현대적 마천루들이 연출해내는 야경 역시 와이탄의 자랑이다.

저녁 6시경이면 와이탄에서 '와~' 하는 감탄의 소리가 들려온다. 바로 와이탄 고건축물 21동에 일제히 조명이 켜지는 순간이다. 조명은 보통 6시에 켜지고 10시경 일제히 꺼진다. 시즌에 따라 시간대가 조금 조정되기도 하고, 국경절과 같이 특별한 때는 '조명 쇼'가 펼쳐지기도 한다. 이 조명은 '상하이시 경관 라이트 콘트롤 센터'에서 맡고 있는데, 이 조직은 와이탄 고건축물을 중심으로 황푸강 지역의 3,800개 건축물의 조명을 관리한다. 상하이시 정부는 상하이의 대표적 볼거리인 야경을 위해 많은 노력을 기울이고 있으며, 2019년 말 와이탄을 중심으로 하는 황푸강 40여 km를 장식하는 대규모 조명 개조공사를 3년 만에 마무리했다.

서양식 근대 건물, 초고층 현대건물, 인공 조명, 프랑스 셰프의 이름을 내건 미슐랭 레스토랑, 그 무엇도 '중국적'인 것은 없다. 하지만 이곳들은 연간 3억여 명의 국내외 관광객이 찾는 상하이의 대표 관광지 '와이탄'이 자랑하는 '가장 상하이적'인 것들이다.

- ### 상하이에서 만난 생제르맹 데프레

파리의 생제르맹 데프레^{Saint-Germain-des-Prés} 지역을 방문해 본 사람이라면 카페 레두마고^{Les Deux Magots}를 기억할 것이다. 130여 년의 역사를 지녔으며, 20세기 초 보부아르, 샤르트르, 헤밍웨이 같은 지성인이 즐겨 찾던 곳이었다. 바로 옆 카페 드 플로^{Café de Flore}는 피카소의 단골집이었고, 카페 르 프로코프^{Le Procope}에는 나폴레옹, 루소, 볼테르의 흔적이 여전히 남아 있다. 이 엄청난 인물들이 찾던 카페의 유명세와 함께 현재 생제르맹 데프레는 파리지앵들이 즐겨 찾는 맛집으로 가득한데, 오래된 파리식 건물 1층에 있는 소박하지만 멋스러운 레스토랑과 카페들이 그렇게 편안하게 보일 수가 없다.

상하이에는 생제르맹 데프레를 떠오르게 하는 지역이 있다. 바로 '프랑스 조계지' 구역이다. 당시 10㎢쯤 되었다는 이 지역에는 현대식 건물보다 고건축물들을 찾아보기가 더 쉽다. 도로의 안쪽에는 19세기 후반부터 유행하기 시작한 상하이식 건축물들이 있고, 바깥 도로변에는 스페인, 영국, 독일, 프랑스 등 다양한 서양식 건물들이 뒤섞여 있다.

건물 모양이 특이하거나 입지가 좋거나 스토리를 간직한 건물들에는 어김없이 브런치 카페, 커피숍, 레스토랑들이 자리하고 있다. 생제르맹 데프레만큼 이곳에도 유명인사 관련 스토리가 많다. 이 구역엔 상하이 1세대 배우 진옌^{金炎}, 쑨원^{孫文}의 부인 송칭링^{宋慶齡}, 중국의 대표 현대 소설가 바진^{巴金}의 거주지가 그대로 남아 있어 그들이 활보하던 모습을 상상할 수 있으며, 홍콩 유명배우 장국영이 즐겨 찾던 맛집, 대만가수 주걸륜이 투자한 커피숍 등 중화권 스타들과 관련된 숍도 많아 늘 사람들로 북적인다.

인기 있는 곳들은 대부분 작은 레스토랑이나 브런치 카페, 커피숍 또는 와인숍이며 확장이나 공사에 제한이 있는 고건축물이기 때문에 인테리어가 세련되면서도 소박한 경우가 많다. 특히 자투리 공간을 이용한 아이스크림 가게, 커피숍, 빵집도 많아 더더욱 생제르맹 데프레와 비슷한 인상을 준다.

와이탄 마천루 야경

1 도시의 재탄생 —— 상하이

1. 황푸 강변을 걷는 사람들   2, 3, 4. 프랑스 조계지 풍경

- **상하이에서 만난 테이트 모던**

　런던에서 사람들이 가장 많이 몰리는 박물관은 어디일까? 우선 대영박물관을 떠올리겠지만, 사실 최근에 대영박물관을 누르고 1위에 등극한 곳이 있다. 바로 테이트 모던Tate Modern 미술관이다. 대중의 관심과 사랑을 받고 있는 역사문화박물관에 비해 일부 애호가들이나 찾을 법한 현대미술관에 더 많은 관람객이 몰린 이유에는 그 건축물이 주는 상징성과 의미도 있을 것이다. 테이트 모던 미술관 건물은 원래 화력발전소였다. 공해 문제로 1981년 폐쇄되어 약 20년간 방치되었고, 주변 지역은 런던에서 가장 낙후한 지역으로 분리되어 있었다. 2000년을 맞이하여 런던시가 도시재생·밀레니엄 프로젝트로 발전소를 현대미술관으로 변신시켜 현재는 연간 600만 명의 관람객이 방문하는 런던 최고의 관광지로 자리매김했다.

　상하이현대미술관의 영문 명칭 'Power Station of Art'는 테이트 모던을 떠올리게 한다. 위치, 외형 및 내부 구조가 모두 테이트 모던의 콘셉트임을 단박에 알아챌 수 있다. 이곳은 중국에서 처음으로 건립된 공립 현대미술관이며, 상하이 비엔날레가 진행되는 곳이기도 하다.

　1897년 건립된 난스南市 발전소는 2010년 상하이엑스포 때 '도시미래관'으로 개조되었다. 상하이시는 엑스포를 기점으로 상하이를 공업도시에서 녹색도시로 변모시키고자 하는 마스터플랜을 세웠다. 엑스포가 끝나자 도시미래관은 현대미술관으로 다시 변신했고, 이어서 상하이현대미술관이 위치한 황푸강 남쪽 지역에는 녹화 및 환경조성 사업을 실시했으며, 현재는 대규모 예술 단지를 조성하여 예술 도시로의 재변모를 꾀하고 있다. 와이탄 중심의 도시 발전에서 벗어나 주변 지역을 균형 있게 발전시키되, '도시재생'이라는 선진국형 도시건축 콘셉트를 도입하면서 지향점은 예술이라고 설정한 셈이다.

　상하이현대미술관은 개관 이래 유명 해외작가 전시회, 글로벌 기업과의 콜라보 이벤트 등을 활발하게 개최해왔다. 주말마다 상하이 멋쟁이들이 미술관에 몰려들고, 한국에서도 많은 애호가들이 전시회를 보기 위해 상하이를 찾는다. 신규 관광지의 탄생이다. 런던 테이트 모던의 완벽한 상하이화^{化}라고나 할까.

- **관광자원개발의 여러 기준**

　상하이의 관광지 중 외국인들의 기억에 가장 남는 곳은 '예원'과 '동방명주'이고 가장 인상 깊은 음식은 '샤오롱바오'라고 한다. 상하이시 홍보 책자에도, 1990년대 유행하던 자유여행 가이드북에도 상하이에 가면 방문해야 하고 먹어봐야 하는 것으로 이곳들이 적혀 있다. 오늘날 상하이시는 관광자원을 개발하고 홍보하는 데 '중국적'이거나 '상하이식'을 고집하지 않는 눈치다. 또한 그들은 상하이 곳곳에 남아 있는 과거 강점기의 유물이나 외래문화를 부끄러워한다던가 원한을 가지고 바라보지 않고, 좋으면 스스로 즐기고 기꺼이 내보이며 심지어 자랑하기도 한다. 1970년대 말 중국이 개혁개방시기에 '흑묘백묘론'^{黑苗白苗論}을 차용한 것과 같은 맥락일까. 중국은 관광 분야에서도 '내 것'과 '네 것'을 구분하지 않고 자국에 유리하다고 생각하면 취하거나 그대로 흡수하는 분위기다.

　우리 역시 정부 주도 하에 군산, 부산, 목포 일대 적산가옥의 관광자원화, 한식만 고집하지 않는 맛집 추천과 홍보, 신규 관광지 및 자원 개발에 있어 '개발'이 아닌 '재생'의 개념을 도입하려는 시도들이 계속되고 있다. 상하이의 우수 관광지 사례에 대한 적극적인 벤치마킹을 통해 평소 우리가 터부시하거나 식상하게 여겼던 것들을 관광자원화하는 것이 더욱 다양하고 새로운 관광콘텐츠와 트렌드를 탄생시킬 수 있는 지름길이 아닐까.

상하이현대미술관 내·외부 모습

1 도시의 재탄생 —— 상하이

241

2

새로운 관광자원

두바이

광저우

프랑크푸르트

우한

도쿄

관광자원 개발의 가장 중요한 요소는 무엇일까.
바로 '사람'이다.

그 지역을 잘 알고 사랑하는 사람,
무한한 창의력과 상상력을 가진 사람,
인간과 자연의 공존을 늘 염두에 두는 사람.

이런 사람들이 모여야
유무형의 자원에서 새로운 관광자원을
제대로 탄생시킬 수 있다.

오랜 시간과 정성을 들여
새로운 관광자원으로 거듭난
특별한 명소들을 만나보자.

두바이

황무지 돌산의 변신

하타 종합생태관광지, 자벨 자이스 비행

　아랍에미레이트^{UAE}의 대표 여행지로 여전히 두바이를 꼽는 사람들이 많다. 이는 1970년대 석유개발 이후 UAE 정부가 산업 다각화를 통해 관광산업을 육성한 결과이다. UAE는 막대한 오일 머니에 무한한 상상력을 더해 척박한 사막에 불과한 두바이를 국제적 럭셔리 관광지로 탈바꿈시켰다. 다만, 그간의 관광개발 정책이 주로 도심에 집중되어 UAE의 각 지역이 지닌 다양한 매력을 선보이지는 못했다. 실제로 우리는 '두바이' 하면 각양각색의 마천루, 화려한 쇼핑몰 등 도시가 주는 화려하고 이국적인 이미지를 먼저 떠올린다. 그러나 최근 들어 도심을 중심으로 진행되어 온 UAE 관광의 영역이 빠르게 확장되고 있다. UAE는 몇 년 전부터 '당일여행', '호캉스', '웰니스' 등의 여행 트렌드 변화를 감지하기 시작했다. 그리고 이러한 트렌드에 부합하는 관광자원을 곳곳에 개발해 나가면서 지역 관광 활성화에 박차를 가하고 있다.

　UAE의 동쪽 지역을 따라가다 보면 회색, 갈색 등 다양한 빛깔의 산들이 곳곳에 눈에 띈다. 우리나라에서 흔히 볼 수 있는 푸른 산이 아니다. 중동의 산은 우리나라와 달리 단단한 돌로 뒤덮인 '돌산'으로 웅장하고 묵직한 느낌을 준다. UAE는 이 돌산이 가진 원석의 매력에 주목하고, 이를 관광자원으로 개발하기 시작했다. 황무지 같은 투박한 UAE의 돌산 위에 그

2 새로운 관광자원 — 두바이

1. 하타 전경 2. 하타 로드 트립 3. 하타 댐에서 카약을 타는 사람

1. 하타의 워터슬라이드 2. 산악 바이크 3, 4, 5. 트레일러 숙소 (사진 제공 : visithatta.com)

들의 무한한 상상력이 또 한 번 발휘된 것이다.

- **최고의 생태관광자원으로 거듭난 황무지 돌산**

　몇 년 전부터 두바이 도심에서 남동쪽으로 약 120km에 위치한 '하타^{Hatta}라는 조금은 낯선 지역에 사람들이 모여들기 시작했다. 하자르산과 천연 호수를 둘러싼 하타 댐, 와디 허브 단지 등으로 구성된 이곳은 UAE 정부가 지역 관광 활성화 차원에서 야심 차게 개발한 종합 생태관광지이다. UAE 부통령이자 두바이 통치자인 셰이크 모하메드 빈 라시드 알 막툼이 2016년 '하타 종합 개발 계획'을 발표했고 이에 따라 UAE 국영 건설사가 개발 프로젝트에 참여했다.

　여기서 우리는 한 가지 의문이 든다. 중동은 한여름 최고기온이 40~50℃에 달하는데 어떻게 생태관광이 가능할까? 이에 대한 답을 돌산의 지리적 환경과 지질에서 찾을 수 있다. 하타 지역은 고도가 높고 돌로 뒤덮여 있어 상대적으로 기온과 습도가 낮아 여름에도 야외활동을 하는 데 무리가 없다. 밤에는 가벼운 재킷이 필요할 정도다. 또한, 천연 호수와 하타 댐은 수상 레포츠를 즐기기에 적합하다. UAE 정부는 이러한 지리적, 환경적 특성을 간파하여 '에코투어리즘' 슬로건을 내걸고 한낱 '돌산'을 최고의 '액티비티 테마파크'로 탄생시켰다.

　실제로 2019년 전 세계에서 '로드 트립'$^{Road\ Trip}$이 해시태그 된 인스타그램 게시물 중 '하타 당일 여행'은 총 25,929건으로 상위 7위를 차지했다. 그리고 하타 댐에서 카약을 타고 찍은 사진은 단골 포스팅이 되어, UAE 내 명실상부 인스타그램용 장소로 도약했다. 단순한 돌산에 불과하던 하타가 이제는 더위와 실내 활동에 지친 이들에게 즐거움을 주는 '도시 탈출 명소'로 거듭난 것이다.

　하타에 방문하면 무엇보다 레저 스포츠를 비롯한 다양한 야외 활동을 만끽할 수 있다. 산악 바이크, 자전거 트레일, 카약, 하이킹을 비롯하여 커다란 투명 공 안에 들어가 언덕을 굴러 내려오는 조빙^{Zorbing}, 시속

40~80km의 속도로 슬라이드를 타고 내려와 15m 높이를 공중 부양하여 입수하는 수영장까지 다양한 액티비티 코스를 고루 갖추고 있다.

'생태관광'하면 역시 캠핑을 빼놓을 수 없다. 하타에서는 돌산 곳곳에 조성된 다양하고도 이색적인 숙박 체험이 가능하다. 투박하지만 멋스러운 에어스트림 스타일의 트레일러 숙소에서부터 와이파이와 에어컨, 호텔급 편의시설이 갖추어진 캠핑카, 테라스가 있는 고급 단독 오두막, 프라이빗 수영장이 딸린 단독 리조트까지 가격과 시설에 따라 폭넓은 선택이 가능하다.

하타는 다른 어느 관광지보다 환경 친화적인 곳이기도 하다. 산과 댐 곳곳에 다양한 종류의 동식물이 서식하고 있어 '돌산은 황무지'라는 편견을 불식시킨다. 실제로 하타 내 천연 호수에는 여러 종류의 물고기들이 살고 있으며, 물수리 같은 희귀종 새가 날아다니는 광경도 볼 수 있다. 건설회사 메라스는 하타 프로젝트를 수행하면서 지질 자원과 생태계를 훼손하지 않고 지속 가능한 자연환경을 조성하기 위해 최고 수준의 건축 자재를 사용했다. 그리고 UAE 정부는 관광객들에게 하타 안에서의 낚시와 채집을 일절 금지했다. 그 결과, 하타 국립공원과 댐 주변에 서식하는 생물의 개체 수가 이전에 비해 세 배 가량 증가했다고 한다.

최근에는 정부에서 하타 지역 경제를 활성화하기 위해 각종 축제와 이벤트들을 선보이고 있다. 두바이 정부는 2019년 '하타 문화의 밤'을 개최하여 민요, 민속춤, 공예 체험 등 관광객들에게 현지 문화를 체험할 수 있는 장을 마련했다. 이 밖에도 하타 전통 마을 꿀 축제, 산의 굴곡을 달리는 하프 마라톤 대회, 와디 달리기 대회 등을 개최하여 하타를 방문하는 관광객들의 이목을 끌고 있다.

- **UAE 최고봉 위에서 즐기는 환상의 어드벤처**

두바이에서 차로 2시간 거리에 '상공에서의 스릴'을 경험할 수 있는 곳이 있다. 바로 UAE 최북단 라스알카이마 지역에 위치한 제벨 자이스^{Jebel Jais}

산이다. 이 돌산은 UAE에서 가장 높은 산으로 우리나라 한라산 높이[1,947m]와 비등하다. 이곳에는 중동의 무더위쯤은 시원하게 날려버릴 정도로 스릴 넘치는 액티비티 코스들이 관광객을 기다리고 있다.

먼저 이 산에 기네스북이 인정한 '세계에서 가장 긴 짚라인'이 있다. '제벨 자이스 비행'[Jebel Jais Flight]이라 불리는 2.83km 길이의 이 짚라인은 2018년 2월 처음 그 모습을 드러내며 푸에르토 리코의 짚라인 '괴물'[The Monster]이 보유한 기록[2.2km]을 경신했다. 물론 길이도 기록적이지만 해발 1,680m의 높이로 거대한 제벨 자이스 산맥을 관통한다는 점도 관광객들의 마음을 사로잡는다. 짚라인에 도착하여 안전교육을 받은 후 승강기를 타고 올라가면 거대한 매의 모양을 한 발사대와 마주하게 되고, 곧이어 시속 120~150km의 속도로 운항하는 2.83km 거리의 비행이 시작된다. 짧지만 강력한 비행을 통해 제벨 자이스 산맥의 장엄한 자연경관을 감상함과 동시에 1,680m의 높이가 주는 짜릿함과 스릴을 맛볼 수 있다. 비행을 성공적으로 마친 이들에게는 제벨 자이스에서 발급하는 공식 '비행 증명서'가 주어진다.

운동 신경이 있거나 모험을 좋아하는 사람이라면 '하늘 위 미로' 코스에 도전해 볼 만하다. 지상 10m 높이에 위치한 다양한 장애물을 거쳐 약 1시간 만에 완주지점에 도착하는 로프 코스로 구성되었으며, 난이도에 따라 두 등급으로 나누어져 있다. 제벨 자이스 산맥의 협곡과 절벽 구석구석을 탐험하고 싶은 이들에게는 '하늘 여행'이 제격이다. 각각 0.3km~1km 길이로 이루어진 총 7개의 짚라인을 타고 시속 60km의 속도로 제벨 자이스의 자연 풍경을 공중 파노라마로 조망할 수 있다. 투어 중간에 짚라인에서 내려와 해발 1,250m, 총 길이 15m의 하늘 다리를 건너는 코스는 이 투어의 킬링 포인트다.

- **한국의 산에는 더 많은 매력이 있다**

앞에서 소개한 하타와 라스알카이마의 사례는 세 가지 공통점이 있다.

1. 제벨 자이스의 하늘 위 미로 2, 3. 제벨 자이스 짚라인 비행 (사진 제공 : 라스알카이마 관광청)

첫째, 기존 관광 중심지에서 벗어난 척박한 지역을 배경으로 조성되었고, 둘째, 특별할 것 없던 돌산을 관광자원으로 활용했으며, 셋째, 그곳을 채우는 액티비티들이 소음과 공해를 발생시키지 않으면서 자연과 함께 공존할 수 있는 환경에서 설계되었다는 점이다. 두 지역은 돌산과 댐이라는 소재를 잘 활용하여 친환경적으로 관광지를 개발하면서 지역 관광을 활성화한 좋은 사례로 볼 수 있다.

복잡한 도시를 떠나 자연이 주는 모험과 평온함을 선택하는 관광 트렌드가 확산되고 있으며 자연을 훼손하지 않으면서 머물렀다 오는 에코투어리즘이 각광받고 있다. 우리나라는 국토의 약 70%가 산지이며, 아름답고 빼어난 산수가 잘 조화를 이루고 있다. 태백산맥에서 뻗어 나온 산과 사계절이 만나 시시각각 변화하는 우리의 산은 UAE의 돌산에 비하면 훨씬 매력적인 자원이다. 또한 우리나라에는 약 18,000여 개에 달하는 댐과 저수지가 있다. 댐 개수로는 세계 7위, 면적 대비 댐 밀집도는 세계 1위 수준이다.

우리나라도 이러한 지리적, 환경적 이점을 살려 각 지역의 산악·수변 자원들에 차별화된 아이디어를 접목하고 교통, 숙박, 음식, 지역 축제와 이벤트를 결합하여 세계적으로 주목받는 '친환경 복합 단지' 설립이 가능하다. 여기에 주목할 만한 액티비티로 인스타그램 페이지를 멋지게 장식할 사진까지 찍을 수 있다면 금상첨화일 것이다. 물론, 개발과 관련한 법과 규제의 틀 안에서 자연환경을 해치지 않고 지속 가능한 자원을 개발하기 위한 정부와 개발 주체의 지속적 논의가 전제되어야 할 것이다. 한국의 산에는 더 많은 매력이 있다. 지역 구석구석 숨어 있는 우리나라의 산악 자원들이 무한 변신하는 순간 그것이 주는 놀라운 파급효과를 상상해 보자. 앞으로 한국의 산들이 다양한 아이디어를 만나 세계적인 생태관광 및 액티비티 명소로 자리매김함과 동시에 지역 관광 활성화에도 큰 보탬이 되기를 기대해 본다.

광저우

사계절 내내
스키를 즐기다

광저우 롱추앙 리조트

    중국 남부 광동성의 성도省都이자 화남지역 최대 무역·경제도시 광저우의 연평균 기온은 21.8℃, 가장 춥다는 1월의 평균기온이 13.3℃ 정도로 사시사철 눈이 오지 않는 아열대성 기후이다. 이런 광저우에서 2019년부터 난데없이 스키 열풍이 불고 있다. 광동성 각 도시뿐만 아니라 인접한 홍콩, 마카오, 심지어 태국, 싱가포르, 베트남, 캄보디아에서도 광저우로 스키 관광을 올 정도다.

    '롱추앙 리조트'廣州融創文旅城, Sunac Land는 한국인들에게는 아직 낯선 이름이지만 광저우의 스키 열풍 중심에는 바로 이 리조트가 있다. 롱추앙 리조트의 실내스키장은 최고 수준의 시설, '대륙' 다운 거대한 스케일의 역동적인 슬로프, 그리고 전혀 '대륙스럽지' 않은 섬세한 서비스로 전 세계 스키어와 관광객들로부터 많은 관심을 받고 있다.

● 중국식 복합리조트개발과 서비스의 진면목을 보여준 사례

    사실 실내스키장과 대형 복합리조트의 원조는 중동의 두바이이지만 두바이가 2008년 세계 금융위기의 여파로 주춤거릴 때 중국의 부동산 기업인 롱추앙 그룹이 실내스키장을 주축으로 한 대규모 복합레저관광리조트 개발사업에 뛰어들었다. '대륙의 실수'라고 불리는 샤오미小米가 초창기에

애플의 '짝퉁'으로 여겨졌으나 지금은 '가성비의 대명사'로 불리며 무섭게 성장했듯이, 관광개발 분야에서도 롱추앙 리조트 역시 처음에는 중동 두바이의 실내스키장과 두바이몰의 아류 정도로 평가절하되었으나, 현재는 아니다.

2008년 세계 금융위기는 역설적으로 중국의 관광레저 산업이 비약적으로 발전하는 계기가 되었다. 중국의 지속적인 경제성장으로 관광레저 분야의 소비시장과 소비자의 평균 구매력이 지속해서 성장했고 중국인의 해외 관광 붐으로 인해 관광서비스에 대한 중국인들의 눈높이와 안목도 같이 높아졌다.

이러한 내수시장의 성장에 부응하기 위해 롱추앙 그룹이 중국 전국에 실내스키장을 포함한 대형 복합관광리조트 건설에 나섰고, 롱추앙의 중국 내 리조트 중 최대 규모인 광저우 롱추앙 리조트는 경쟁이 극심한 중국 레저관광산업에서 성공한 사례로 손꼽힌다. 또한 14억 중국인들에게 중국식 복합 리조트 개발과 서비스의 진면목을 보여준 사례로 여겨진다.

- **'대륙'의 거대한 스케일과 상상력이 빚어낸 스펙타클**

아열대성 기후의 광저우에 축구장 22개 면적의 실내스키장을 건설하고 일 년 내내 같은 실내온도와 설질을 유지하는 것 자체가 큰 난관이었다. 롱추앙 실내스키장 건설을 위해 중국 최고의 기술진이 총 1,825일에 걸쳐 수억 회의 테스트를 거친 후에 현재의 가볍고 뭉치지 않는 최적의 설질을 만들어내는 데 성공했다. 지금도 설질 유지를 위해 12대의 대출력 인공눈꽃 제조기, 25대의 제설기, 67대의 냉풍기가 동원되며 인공눈을 만드는 데 3개월의 시간이 소요된다고 한다. 리조트 담당자는 이를 두고 '상상을 초월하는 도전'이었다고 말했는데, 사실 이것이 롱추앙 리조트의 전부가 아니다.

롱추앙 리조트의 핵심전략은 리조트 자체가 중국 남부 광저우 지역의 새로운 '도시 문화'가 되는 것이었다. 이를 위해 총 면적 약 220만㎡의 부지에

롱추앙 리조트 호텔 (사진 제공 : 廣州融創文旅城)

실내스키장을 필두로 대극장과 컨벤션, 리조트 호텔, 워터파크, 테마파크, 실내스포츠 테마파크, 쇼핑몰, 야간관광 시설인 술집거리를 조성하는 메가 프로젝트를 구상했다. 한마디로 먹고 마시고 자고 입고 놀고 즐기는 모든 관광행위를 롱추앙 리조트 한곳에서 해결하여 모든 즐거움을 한꺼번에 제공한다는 전략에서 거대한 프로젝트가 시작된 것이다. 이 중심에는 해상 실크로드를 콘셉트로 한 35만㎡ 규모의 대형 쇼핑몰 광저우 롱추앙 마오廣州融創茂가 자리하고 있는데, 인근에 이 규모의 쇼핑몰을 하나 더 건설한다고 하니 '대륙'식 스케일에 아연실색할 뿐이다.

- **전혀 '대륙'스럽지 않은 섬세한 서비스**

롱추앙 리조트는 2019년 6월 중순 정식으로 오픈하여 개장한 지 반 년 만에 1천2백만 명의 방문객이 다녀갔다. 실내스키장만 해도 3시간 라이딩에 278위안약 4만 7천 원의 비싼 가격에도 불구하고 반년 동안 총 57만 명의 입장객을 유치했다. 흔히 롱추앙 프로젝트의 가장 큰 성공 요인 중 하나로 앞서 언급한 거대한 스케일과 지리적 요인을 꼽는다. 홍콩과 마카오를 잇는 강주아오 대교, 홍콩-광저우 고속철 개통 등 교통인프라가 개선된 데다 비행기로 3~4시간 이내에 아열대 기후의 중국 10여 개 성과 동남아 국가가 다수 위치하기 때문이다. 그러나 광저우 롱추앙 리조트의 성공 이면에는 무엇보다도 섬세한 서비스와 운영방식이 자리하고 있다.

실내스키장만 해도 스키를 즐길 수 없는 유아와 노년층을 겨냥한 눈놀이 시설을 마련하였고, 각종 실내스키대회, 동계스포츠포럼 등 관련 이벤트와 프로그램을 지속적으로 개최하여 고객층을 늘려나갔다. 무엇보다도 흥미로운 것은 고객 서비스 부분이다. 스키장에서 나올 때 옷에 묻은 눈을 털어낼 필요가 없다. 이동통로에 자동으로 눈을 털어주는 일종의 '제설실'이 있기 때문이다.

고객 서비스도 흥미롭다. 기념일을 축하하기 위해 또는 추억을 만들기 위해 모처럼 찾은 놀이공원이나 스키장에서 줄을 서는 일은 참으로 고역이

2 새로운 관광자원 ── 광저우

1. 롱추앙 랜드 전경 2, 3. 롱추앙리조트 실내 스키장 4. 실내 스키를 즐기는 사람들
(사진 제공 : 廣州融創文旅城)

1. 롱추앙 랜드 전경 2. 롱추앙 워터월드 3. 롱추앙 쇼핑몰 4. 롱추앙 극장
(사진 제공 : 廣州融創文旅城)

다. 이를 위해 롱추앙 리조트에서는 '줄서기 놀이 인터랙티브 서비스'를 제공한다. 줄을 서는 고객을 위해 다양한 이벤트를 기획하여 대기시간을 지루하지 않게 하고 리조트에서 보내는 모든 시간을 아깝게 느끼지 않도록 섬세하게 고안한 서비스라 할 수 있다.

사실 롱추앙 리조트의 서비스가 세계 최초, 세계 유일은 아닐 것이다. 혹자는 애플하면 떠오르는 혁신을 롱추앙 리조트에서는 찾아보기 힘들다고 비판하지만, 롱추앙 리조트의 진정한 경쟁력은 외부의 우수한 사례를 즉시 받아들이고 내부에 맞게 개선하여 빠르게 정착시킨다는 데 있다. 마치 앞서 언급한 샤오미가 애플을 모방하여 빠르게 성장했듯이 말이다.

롱추앙 리조트의 고객 서비스 담당자가 "우리 리조트에서는 직원의 창조적이고 능동적인 업무수행을 위해 많은 권한을 부여하고 있으며, 현장에서의 의견을 존중하고 즉각 반영하고 있습니다. 우리의 서비스 경쟁력의 핵심은 현장 일선에 있는 파트너를 밀접하게 관찰하고 그들 스스로 미소 지으며, 돌발상황에서도 당황하지 않고 인내심을 갖게 하는 것입니다. 이를 통해 관광객의 아름다운 체험을 최고의 목표로 하여 많은 즐거움과 놀라움을 선사하고자 합니다."라고 말했는데, 이는 중국레저산업의 서비스에 대해 편견을 가진 이들에게 많은 시사점을 던져 준다.

- **엄청난 규모와 속도로 성장하고 있는 중국 관광산업**

세계 최대의 내수시장과 엄청난 자본력을 지렛대로 대중의 상상력을 뛰어넘는 프로젝트를 기획하고, 외부 우수인력을 무자비할 정도로 빨아들여 외부의 선진·성공사례를 재빠르게 모방하고 차용한 후에 자기들만의 시스템으로 정착시키는 중국 관광산업 특유의 발전방식은 이전에 우리가 경험해왔던 것과는 차원이 다른 수준이다.

광저우 롱추앙 리조트 사례가 중국 관광산업이 최고조에 올랐음을 의미한다고 단언할 수는 없다. 사실 이미 중국 관광산업은 엄청난 규모와 속도로 성장하고 있다. '대륙' 특유의 스케일에 기술력과 기획력, 섬세한 서비스까지 갖춘 중국 관광 소비시장의 진화는 더욱 빨라질 것이고, 이에 발맞춘 준비가 되어있지 않다면 따라잡히기 마련이다.

이제는 휴대폰, 디스플레이, 조선업 등과 같은 제조업뿐만 아니라 게임, 문화콘텐츠 등 산업 전 분야에서 중국과의 경쟁이 필연이 되어 버렸다. 관광산업이라고 예외가 아닐 것이다. 수년 전만 해도 동남아 스키 관광객을 두고 중국 광저우와 경쟁하게 될 것이라고 그 누가 예상했겠는가?

한국관광공사는 1998년부터 강원도와 함께 매년 12월부터 다음 해 3월까지 '스키 코리아 페스티벌'을 운영해왔다. 관광객별 수준에 맞는 스키 강습과 참가자들을 대상으로 진행되는 스키 대회를 중심으로 한국문화 체험 등 다채로운 프로그램이 어우러진 외국인 대상 스키 행사이다. 이 페스티벌은 중국, 홍콩을 넘어 동남아 시장에도 한국 스키여행 붐을 확산하는 데 기여했고, 동시에 외국인들이 비교적 장기간 지역에 체류하도록 유도함으로써 지방 관광을 활성화하는 데도 큰 역할을 했다. 이러한 관광상품을 선점한 효과를 계속 유지할 수 있도록 여러 측면에서 고민을 시작해야 한다. 매서운 중국 관광산업의 도전에 대비하여 우리만의 경쟁력을 갖추는 것이 어느때보다 절실해지고 있다.

프랑크푸르트

주민들과 함께
만들어가는 관광

동화 가도와 로만틱 가도

　독일 관광 지도를 펼쳐 보면 유난히 선으로 연결된 유명 관광지가 많다. 역사성이 비슷한 도시들을 연결하거나, 유명한 인물이나 의미가 비슷한 공동의 소재가 있는 도시들을 연결한 것이다. 이렇게 선으로 연결된 관광지는 대표 콘텐츠를 앞에 붙여 '○○ 가도'라고 불린다. 가장 대표적인 성공사례의 하나인 '로만틱 가도'는 고대 로마 시대에 로마인들이 길을 닦아 놓은 것에서 유래되어, 이 길을 따라 연결된 도시들이 로만틱 가도의 대표 콘텐츠인 셈이다. '동화 가도'는 독일의 유명한 동화작가인 그림 형제의 동화가 배경이 되는 도시들로 연결되어 있다. 연관성이 높은 콘텐츠들이 이렇게 하나의 루트로 연결되다 보니 관광객의 입장에서는 '도장 깨기'나 '보물찾기'처럼 구석구석 모두 방문하고 싶은 욕심이 생기게 마련이다. 또한 여러 지방 도시가 걸쳐 있다 보니 대표선수이자 킬러 콘텐츠인 '○○가도'라고 불리는 선이 유명해지면, 개별적으로는 인지도가 낮았던 지방 도시 같이 유명세를 타는 행운도 얻게 된다.

　민간 주도의 가도 콘텐츠가 있다면 정부에서 정책적으로 밀고 있는 루트도 있다. 독일관광공사가 수십 년째 꾸준히 밀고 있는 '매직 시티'는 독일을 대표하는 10여 개의 대도시를 독일고속열차 중앙역을 중심으로 이어 놓은 것이다. 물론 탈것의 핵심은 고속열차이며, 독일관광공사와 독일철도가 함께 홍보하고 있다. 이렇게 선으로 연결된 관광 지도를 보고 있으면 마치 거대한 테마파크 몇 개가 운영되고 있는 것처럼 보인다. 특히 동화 가도는 세계적인 테마파크 '디즈니랜드'의 도시형 확장판처럼 보이기도 한다.

● 거대한 동화 테마파크, 동화 가도

독일의 동화작가 그림 형제의 동화를 소재로 한 동화 가도는 전체 길이가 600km에 달하는 거대 테마파크라고 해도 과언이 아니다. 동화 속 이야기를 담고 있는 각 도시들은 동화의 매력적인 주인공을 체험할 수 있는 테마관처럼 보인다. 동화 가도는 유명한 「브레멘 음악대」의 배경인 브레멘에서 출발해 그림 형제의 고향인 하나우까지 연결되는 긴 구간으로 말 그대로 동화처럼 아름다운 마을들을 만나게 된다. 브레멘 음악대에 나오는 네 마리 동물은 브레멘이라는 도시를 대표하는 상징이 되었다. 시청 청사 인근에 세워진 동상은 가장 대표적인 포토존이며, 동상은 미니어처 모형으로 만들어져 반드시 사야 하는 기념품이 되었다. 다음 도시 하멜른은 「피리 부는 사나이」의 배경이 된 도시이다. 하멜른 시청 홈페이지에는 '하멜의 피리 부는 사나이, 쥐 잡는 도시 하멜른'이라고 소개되어 있다. 하멜른에는 동화 속 주인공을 따라가다가 사라져 버린 동네 아이들의 골목이 있고, 여름철에는 주민들이 광장에 모여 피리 부는 사나이 연극을 공연하여 볼거리를 제공한다.

동화 가도의 가장 핵심이 되는 도시는 카셀이다. 그림 형제가 지역의 민담을 모아 '그림 동화'를 펴낸 곳이며, 이를 기념하기 위해 그림벨트라는 테마박물관이 만들어진 곳이다. 카셀에는 지금까지도 사랑받는 동화 「잠자는 숲속의 공주」의 배경인 자바부르크성과 「라푼젤」의 배경인 트렌델부르크성이 있다. 트렌델부르크성은 현재 호텔로 사용되며, 주기적으로 라푼젤 연극과 성 위에서 머리카락을 아래로 늘어뜨리는 장면을 재현해 많은 관광객들에게 인기를 끌고 있다.

동화 가도의 마지막 도시인 하나우는 도시 중심에 그림 형제의 동상이

2 새로운 관광자원 — 프랑크푸르트

1. 브레멘 음악대 동상 2, 3. 브레멘시 거리 4. 그림벨트 박물관 5. 카셀

1. 자바부르크성(잠자는 숲속의 공주의 배경) 2. 트렌델부르크성(라푼젤의 배경) 3. 하멜른
4. 그림 형제의 고향 하나우

있어서 방문객들이 즐겨 찾고 있다. 동화 가도는 1975년에 처음으로 아이디어가 구체화되었으며, 이후 2007년에 62개 도시가 참여하는 동화가도협회가 설치되었다. 협회는 카셀에 있는 그림벨트 운영이 주요 업무이며, 동화 가도와 연계된 62개 도시의 호텔과 관광지 등을 소개하는 역할을 하고 있다.

- **중세와 낭만의 상징, 로만틱 가도**

　독일 뷔르츠부르크에서 남쪽의 퓌센까지 이어지는 약 460km의 관광 가도가 한국에서도 유명한 로만틱 가도이다. 이 가도는 1950년부터 개발되었고 약 29개의 지방 도시와 독일관광공사, 로만틱 가도 관광협의회가 함께 홍보하고 있다. 독일에서 중세의 멋을 경험해 볼 수 있는 아름다운 코스로 연간 약 2천만 명이 넘게 방문하는 인기 관광지이다. 로만틱 가도의 시작점인 뷔르츠부르크에서 퓌센까지는 자동차, 자전거, 전용버스 모두 이용이 가능하다. 자동차로 뷔르츠부르크에서 퓌센까지 '로만틱 가도 갈색 표지판'을 따라 국도를 주행하다 보면 '유럽에서 가장 아름다운 드라이브 코스'라는 명성에 맞게 창밖으로 자연경관, 성곽, 소도시의 아름다움을 만끽할 수 있다. 자전거 도로는 녹색 표지판으로 안내되며 뷔르츠부르크에서 퓌센까지 전 구간이 이어져 있어서 자전거 여행 특유의 여유와 아름다운 경관을 천천히 즐길 수 있다. 특히 자동차 구간과 자전거 구간에는 자동차 야영장과 배낭여행이 가능한 다수의 야영장이 있어서 자연을 만끽하면서 캠핑을 즐길 수도 있다.

　로만틱 가도의 시작점인 뷔르츠부르크는 마인강과 인접해 산업 중심지로 발달했으며, 18세기 건립된 레지던스는 세계문화유산에 등록되어 있다. 로마네스크 양식의 대성당, 후기 고딕 양식의 마리엔카펠레, 중세에 건축된 마인교각 그리고 한때 주교의 궁전이었으며 현재 독일에서 가장 오래된 성당이 남아있는 마리엔요새 등 도시 전체가 마치 중세 건축박물관 같다. 그리고 로만틱 가도에서 가장 아름다운 도시로 손꼽히는 로텐부르크는 약

2km에 달하는 성곽에 둘러싸여 시간이 멈춘 듯 중세 유럽의 모습을 그대로 간직하고 있다. 제2차 세계대전으로 도시의 40% 이상이 파괴되었지만 복원 과정에서 중세의 건축 양식을 그대로 고수했으며, 독일에서 가장 오래된 부엌, 중세 범죄 박물관 등 다양한 박물관이 운영되어 당시의 생활상을 엿볼 수 있다. 로텐부르크에서 약 180km 떨어진 아우크스부르크^{Augsburg}는 로마 황제 아우구스투스의 이름에서 유래했다. 16세기 전후 지어진 르네상스 양식의 건축물이 독일에서 가장 많은 곳이다. 로만틱 가도의 종착점인 퓌센은 로마제국 당시 국경 초소가 있던 지역으로 후기 고딕 양식의 성, 바로크 양식의 대성당, 가장 오래된 바바리아의 프레스코화를 볼 수 있다. 퓌센은 당시 활발한 경제교류로 문명이 발달했으며, 노이슈반슈타인성, 호엔슈방가우성 같은 유명한 궁전도 볼 수 있다. 현재 두 궁전은 독일에서 가장 선호하는 신혼여행지이며, 노이슈반슈타인성은 디즈니를 상징하는 엠블럼으로도 쓰이고 있다. 로만틱 가도는 중세라는 뚜렷한 테마와 소재가 있는 만큼 '100개 성과 궁전 루트, 로만틱 시간 여행', '중세 정원과 식물 체험코스', '르네상스에서 로만틱까지, 바덴뷔텐베르크와 바이에른 방문상품' 등 테마파크의 주제관을 펼쳐 놓은 것처럼 다채롭다.

독일관광공사는 이 외에도 아름다운 중소도시를 연결한 판타스틱 가도, 옛 성들로 이어진 고성 가도, 독일의 대문호 괴테가 태어난 생가와 괴테의 삶에서 중요한 의미를 지닌 장소를 연결한 괴테 가도 등 7개의 가도를 홍보하고 있다. '가도 마케팅'의 장점은 킬러 콘텐츠를 중심으로 관광객의 지역 분산, 콘텐츠 개발비용 및 홍보비용 등 위험요소의 분배 등으로 투입비용 대비 사업효과가 크고, 지역주민의 참여도를 높여 지속 가능한 관광콘텐츠가 될 수 있다는 점이다. 2020년 70주년을 맞은 '로만틱 가도'는 드라이브 코스, 자전거 코스, 전용버스 코스 등 차별화된 상품들이 나오면서 기존에 크게 알려지지 않았던 소도시까지 보석처럼 새롭게 발굴되고 있다. 45년째 맞고 있는 '동화 가도' 역시 동화 자체가 도시의 상징으로 발전하기도 하고, 디즈니 등 애니메이션 영화의 성공과 함께 새롭게 인기 장소로 알려져 급

1. 뷔르츠부르크 2, 3. 로텐부르크 4, 5, 6. 아우크스부르크

2 새로운 관광자원 —— 프랑크푸르트

노이슈반슈타인성

성장하기도 한다. 두 개의 성공사례에서 볼 수 있는 특징은 정체성이 뚜렷한 콘텐츠, 이를 지속 발전시키는 주민공동체와 지역운영조직이 있다는 점이다. 또한 지역주민들이 자주 찾고 쉽게 이용할 수 있는 명소 개발에서 시작해 관광 가도로 아이디어를 구체화했다는 점이 독특하다.

- ### 지역주민의 공감대 형성와 참여가 필수

관광자원 개발은 기존의 것을 새로운 시각으로 바라보는 것에서 시작된다. 우리 눈에는 우리나라의 문화나 유적, 자연자원 등이 새로울 것이 없는, 식상한 것으로 보이기 쉽다. 하지만 오랜 역사, 강점기와 전쟁을 겪고도 빠른 성장을 이룬 나라, 한류 열풍 등 시각을 조금만 달리하면 관광객들의 호기심을 끌 만한 콘텐츠들이 분명 있을 것이다.

독일 담당자들이 전해 주는 성공 비법은 의외로 단순한데 현장에서 적용하기 위해서는 많은 공감대 형성과 참여가 필요하다는 시사점을 준다. "어떤 프로젝트를 시작할 때 지역주민들이 오랜 시간 동안 난상토론 끝에 방향을 정한다. 방향성의 전제는 지역주민들이 쉽게 이용하고, 방문하고 싶은 콘텐츠인지가 중요하다. 지역주민이 외면하는 곳은 관광객들에게도 매력이 없는 곳이기 때문이다."

우리는 유행처럼 뜨고 지는 수많은 관광지와 관광개발 사례를 목격한다. 천문학적인 예산을 투자하지 않고도 난개발 없이 수십 년 동안 건강하게 유지되며, 지역주민들의 삶의 만족도 또한 높아 지속 가능한 관광자원이 많은 곳. 이러한 것이 진정한 관광콘텐츠 개발의 성공사례가 아닐까?

우한

시공간을 초월하여
살아 있는 극장

지음호 유람선 공연

　세계 3대 쇼라고 불리는 항저우 송성가무쇼, 라스베가스 오쇼, 파리 물랑루즈쇼는 공연 이름만으로도 그 도시와 사람 그리고 국가를 떠올리게 한다. 공연은 자연과 도시, 사람을 한꺼번에 보고 느낄 수 있는 것으로 몇 해 전부터 공연 관람을 위해 그 지역을 찾아가는 여행객들이 부쩍 늘었다.

　중국 후베이성에 위치한 우한은 장강 중류에 있는 교통과 경제의 중심 도시로, '동양의 시카고'라는 별칭이 있을 만큼 내륙 교통의 요충지이다. 중국 내 도심 호수 중 가장 넓은 동호를 포함하여 우한 면적 4분의 1이 물이다. 그래서 우한은 '백호百湖의 도시'로 불리기도 한다.

　19세기 태평천국의 난, 톈진조약 체결로 개항하면서 우한의 번영이 시작되었다. 1911년 신해혁명의 중심지이며, 중국에서 첫 5A국가급 관광지로 선정된 강남 3대 명루인 황학루, 중국 5대 대학인 우한대학교, 후베이성 박물관 등이 있다. 3천5백여 년의 유구한 역사 속에 풍부한 자원을 가진 곳이 바로 우한이다.

　작년까지만도 장가계를 가기 전에 거쳐 가는 도시라는 부연설명이 필요했던 우한은 지금은 전 세계가 다 아는 곳이 되었다. 더불어, 코로나19라는 키워드만으로 우한을 기억하는 것이 못내 안타깝다. 지음호에서 펼쳐지는 새로운 형식의 유람선 공연을 관람해 본다면 우한이라는 도시가 새롭게 다가올 것이다.

● 독특한 공연문화를 창조한 살아있는 극장

지음호知音號는 1930년대를 그대로 재현한 뮤지컬 공연장소이자 대형 크루즈이다. 유람선 위에서 극장식 특별공연이 펼쳐지는 이 프로그램은 자기를 알아주는 친구, 즉 소울메이트를 뜻하는 '지음' 문화를 기반으로 연극과 오페라, 무용극 등을 복합적으로 표현한 체험형 공연이다. 장강 문화와 우한 문화를 하나로 묶은 이동식 박물관이자 살아있는 극장으로서 새로운 도시 문화의 아이콘이 되고 있다.

우리나라에서 유명한 중국의 공연으로 어떤 작품이 있을까. 송성가무쇼를 비롯하여 「붉은수수밭」, 「인생」 등의 영화로 잘 알려진 장이머우張藝謀 감독의 '인상印象 시리즈'를 대표적으로 들 수 있다. 이 시리즈를 함께 만든 판위에樊躍 감독이 지음호 공연의 연출을 맡았다고 한다. 지음호는 중국 제13차 5개년 계획 기간 동안 우한 관광개발 투자그룹이 공동 제작한 세계 관광개발 전략의 핵심 프로젝트이자, 중국 예술과 관광산업의 새로운 랜드마크이다.

● 드리프트 다차원 체험 드라마

지음호 공연을 설명하는 많은 글 중에서 '드리프트 다차원 체험 드라마'라는 수식어에 주목할 필요가 있다. '드리프트'Drift라는 용어는 1912년 독일 지구물리학자 베그너가 제안한 대륙 표류 이론에서 유래됐는데, 장강 최초 표류하는 드라마라는 개념에서 이를 차용했다. 좀 더 자세히 설명하면 첫째, 연극 무대가 표류한다. 장강을 따라 표류하는 관광객들이 현재의 고층 건물과 불빛 사이를 오가며 과거와의 만남을 이루게 된다. 둘째, 감상과 체험이 표류한다. 지음호 구석구석부터 갑판, 바 등의 장소까지 관객과 배우, 관객과 관객, 배우와 배우 사이에 다양한 상호 작용이 일어난다. 셋째, 연극의 개념이 표류한다. 지정석이 없는 연극으로 관객들이 앉아서 관

1. 지음호를 타기위해 모이는 사람들 (사진 제공 : 知音號供圖)
2. 공연하는 배우들   3. 20세기 초 복장을 빌릴 수 있는 입구 상점

1. 배우와 어우러져 공연을 즐기는 사람들   2. 20세기 복장을 입고 사진을 찍는 사람들   3, 4. 지음호 공연 모습
(사진 제공 : 知音號供圖)

람하기 보다 배 안을 거닐며 유람선 실내 곳곳에서 배우의 표정과 감정을 생생하게 느낀다. 지음호는 기존의 극장 개념과 연극적 사고를 깨고, 경계와 경계를 허무는 틀을 깬 '인터넷 클라우드 극장'이라고 할 수 있다.

최초의 대형 테마쇼 선박인 지음호는 98여 개 캐빈으로 나뉘어져 있으며, 각 장면이 1~3층까지 웅장하게 제작되었다. 공연장 입구 가판대에는 중국 전통 복장인 치파오, 모자, 구두 등을 빌려주고 있다. 당시 스타일로 차려입은 관람객들이 철제다리를 건너면 과거로 이동하는 것이다. 부두에서 페리 티켓을 교환하고 선박에 탑승하기를 기다리는 순간부터 공연이 시작된다. 지나다니는 어린아이들의 신문 배달부터 무대는 이미 진행되고 있는 것이다. 우리나라 개화기 시절의 신문 같은 팸플릿을 보고 있으면 기다리는 동안 지루할 틈이 없다.

지음호를 탑승하는 순간, 100여 년 전 당시의 선박 속 실제 객실에서 승객들은 배우이자 관객이고 주인공이 된다. 영역 구분 없이 공연의 일부가 되는 것이다. 무도회장을 지나 술집에서 공연 이야기에 참여하고, 각 객실마다 배우인 듯 승객인 듯 서로가 또 다른 일부가 된다. 시간과 공간을 횡단하는 드라마를 경험하는 것이다.

유람선 공연장 맨 위층으로 올라가면 2019년 지구촌 100여 개국 이상이 참여한 제7회 세계군인체육대회 이후 새롭게 조성된 대대적인 볼거리가 펼쳐져 있다. '힘내라 중국!, 힘내라 우한!'中國加油! 武漢加油! 등 다양한 모양의 글자와 레이저쇼를 활용한 형형색색의 또 다른 야경을 감상할 수 있다. 밴드 공연도 있어 연인들의 데이트 장소로도 최고의 분위기를 느낄 수 있다. 지음호 유람선 공연은 화요일부터 일요일까지 매일 밤 2회 장강 일대를 운행하며 진행된다.

- **한국 유람선 공연의 리모델링에 대한 재고**

우리나라는 삼면이 바다로 둘러싸여 있어 유람선 관광을 위한 최고의 환경을 가지고 있다. 특히 깎아 세운 듯한 해안절벽과 아름다운 바다가 있고 사계절이 분명하여 유람선을 활용한 관광자원 개발에 최적의 조건이라고 할 수 있다.

서울 한강에는 아라호 유람선 공연과 여의도 다목적 유람선 공연이 있다. 부산의 용호만 유람선 관광, 목포의 삼학도 관광유람선 등 여러 지역에서 유람선이 운영되며, 선상 공연도 펼쳐지고 있다. 하지만, 대부분이 단순하고 일정한 순환 코스 위주여서 운영사 대부분이 적자를 면치 못하고 있다. 유람선을 활용한 야간관광은 보고 즐기는 것이 가장 중요하지만, 서비스의 질적 수준과 함께 매력적인 콘텐츠가 확보되어 한다. 유람선에서 야경만 보고 서양식 음식을 맛보는 수준은 말 그대로 '일회성' 관광에 그칠 수밖에 없다. 우리나라의 유람선 공연에 대한 콘텐츠 보강이 절실하다.

일례로, 강원랜드에서 내국인 카지노 수익금을 폐광지역 개발에 지원한 것처럼 낙후된 어촌의 유람선에 내국인 카지노 등을 설치, 개발하는 방식도 고민해 볼 수 있겠다. 나아가 다채로운 공연을 함께 기획한다면 국내외 많은 관광객들이 방문해서 지역 관광활성화 및 경제 발전에 도움이 될 수 있을 것이다. 중국의 대표 공연인 인상 시리즈의 공통 특징은 모두 유명 관광지에서 공연하고, 무대는 그 지역의 자연경관을 활용한다는 점이다. 공연 내용 또한 그 지방의 전통과 문화, 전설 등으로 구성된다. 전문 배우가 아닌 지역주민, 학생들이 출연하여 지역 경제 활성화에 많은 기여를 하고 있다. 우리나라의 현실에 맞는 새로운 유람선 공연과 어촌 지역을 대상으로 한 선내 카지노 시설 설치도 고민해 볼 시점이 되었다.

도쿄

특별한 휴게소로 떠나는 여행

가와바 덴엔플라자

　일본 지방을 돌아다니다 보면 자주 '미치노에키'道の駅가 눈에 띈다. 철도 등 공공 교통시설을 주로 이용하는 외국인 관광객에게는 조금 낯설겠지만, 일본인이라면 한 번쯤 들어보고 들러본 적 있는 친숙한 공간이다.

　한국어로 직역하면 '길 위의 역'이라는 의미로 왠지 모르게 낭만적인 분위기를 풍기지만, 쉽게 말하면 국도 휴게소라 할 수 있다. 공식적으로는 도로상에서 휴식과 숙박을 포함한 지역진흥시설이 일체가 된 도로시설을 의미한다. 1991년 일본 국토교통성이 시범사업으로 시작해 1993년 4월 103개의 미치노에키가 등록한 이래, 2020년 7월 현재 1,180개까지 확대되었다. 연간 이용자 수가 2억 명을 넘어 이미 일본 내에서는 미치노에키 문화가 지역 활성화에 크게 기여한다고 평가받고 있으며, 해외에서도 지역 활성화 시책의 성공사례로 다년간 손꼽혀왔다. 특히 한국에서는 지역의 농산물과 향토음식을 소개하고 판매하는 거점 역할을 하는 도-농 상생 사례로 각종 언론에 자주 소개되었으며, 지자체에서도 앞다투어 벤치마킹 사례로 다루는 단골 소재가 되었다.

- **휴게소에서 교류거점으로, 이제는 관광거점으로 진화 중**
　초기의 미치노에키는 한편에 지역 특산품 매장을 두긴 했지만 어디까지나 주차장, 화장실, 매점을 갖춘 고속도로 휴게소에 가까운 형태였다. 그러다가 지역의 농산물 직거래장터가 열리고 지역 주민들이 향토음식을 직접 판매하는 등 특색을 갖춘 성공사례로 미디어를 통해 알려지면서 '여행길에 꼭 들러가는' 틈새 명소로 자리 잡았다. 게다가 최근 몇 년간 지속한 일본 국내 관광의 성장과 외국인 관광객의 급격한 유입 등으로 관광산업이 유례없는 발전을 거듭하면서 미치노에키도 '들러가는 곳'이 아니라 '찾아가는 곳'으로 바뀌고 있다. 최근에는 테마파크식의 대형시설이 개업하거나, 전국 미치노에키 맛집을 겨루는 대회도 개최되고, 여러 개성 있는 시설이 입점하는 등 명실상부한 관광지로서 높은 관심을 받고 있다.

- **농촌 마을이 연간 200만 명이 찾는 명소가 되다**

수도권 북부 군마현에 위치한 가와바마을(川場村)은 도쿄에서 신칸센으로 약 100분 거리로 면적의 약 80%가 산림이며 인구의 40% 이상이 고령인 전형적인 일본의 산골 마을이다. 조용한 마을에 전국에서 연간 200만 명이 찾아오고, 2019년 213억 원의 연매출을 달성한 관광명소가 있다. '가와바 덴엔플라자'(川場田園プラザ)는 도쿄돔 1.5배에 달하는 광대한 부지에 호텔, 레스토랑, 농원, 온천, 각종 체험 공방 등을 갖춘 복합 관광시설이다. 특히 지역의 신선한 야채와 과일을 판매하는 농산물 시장, 현지 식재료를 사용한 각종 공방과 레스토랑의 인기가 높다. 그 흔한 문화유적지 하나 없건만 시골의 휴게소를 찾아 주말이면 다른 지역에서 몰려온 고급 자동차들로 일곱 개나 되는 주차장이 만석이 된다. 방문객의 70%가 도쿄 등 수도권 거주자이고 그중 40%가 연간 3회 이상 이곳을 찾는다고 한다. 도쿄의 부유층들이 주말마다 이 마을을 찾아오게 만드는 매력은 무엇일까?

- **프리미엄을 덧붙인 농업 + 관광의 결합으로 차별화**

가와바마을은 산을 끼고 있는 자연환경 덕에 각종 고원 야채와 과일 생산지로 유명했지만 경사가 많아 대규모 농업에 적합하지 않았다. 온천과 스

1. 현지 식재료로 만든 음료 2. 현지에서 재배한 농산물 (사진 제공 : 가와바 코리아)
3, 4. 가와바 덴엔플라자 (사진 제공 : bolshen)

가와바 덴엔플라자 전경 (사진 제공 : 가와바 코리아)

키장이 있지만 다른 지역에 비해 특별한 강점이 없어 관광업만으로는 관심 받기가 어려웠다. 젊은 층이 대거 도시로 이주해서 1971년에 이미 급격히 인구가 줄어드는 인구 과소지역으로 지정될 정도로 쇠락해가던 시골 마을이었다. 인구 감소와 함께 지역 경제도 완전히 얼어붙었다. 활로를 모색하던 마을은 새로운 슬로건으로 '농업+관광'을 내세우고 1993년 도시 사람들을 마을로 불러 모으기 위해 덴엔플라자전원플라자를 개원하고 1996년 미치노에키에 등록한다.

처음부터 순탄하게 운영된 것은 아니었다. 개원 이후 약 10년 이상 적자가 지속되다가 2008년 나가이 쇼이치永井 彰一 사장의 취임과 함께 분위기가 바뀌었다. 방문자의 70%가 수도권 거주자라는 점에 착안하여 철저하게 고객의 취향에 맞춘 '프리미엄화'를 시도했다. 기존 휴게소가 아니라 유럽식의 고급 백화점, 부촌의 레스토랑 등을 철저하게 벤치마킹하여 점포를 디자인했다.

레스토랑에서는 전국 어디에서나 먹을 수 있는 푸드코트가 아니라 현지 재료를 활용해 철저하게 공들인 음식을 제공하였다. 마을의 대표적인 특산품으로 유명한 고급 쌀 품종인 '유키호타카'로 지어낸 주먹밥, 지역의 메밀가루를 100% 사용한 메밀국수, 지역의 채소와 소시지를 토핑해 간식거리가 아니라 일품 음식이 된 피자 등이 대표적이다. 무늬만 프리미엄이 아니라 '진짜'를 지향하는 브랜딩을 강조한다. 또한, 지역의 특산품을 그대로 판매하는 '신토불이'식 판매가 아니라 현지 소재를 최대한 활용하되 고객이 원하는 상품을 제공하였다. 지역 농산물로 만든 한정 판매 빵과 지역 목장에서 수작업으로 만들어 낸 치즈와 요거트는 도쿄의 인기 베이커리와 비교해도 결코 뒤지지 않는 맛과 가격으로 전국적인 인기를 누리고 있다.

- **Back to basic : 비싸도 좋은 건 팔린다**

나가이 쇼이치 사장은 취임 직후 직원들을 도쿄 디즈니랜드로 시찰을 보냈다. 그들의 임무는 도쿄 디즈니랜드의 화려한 시설을 보고 놀이기구를 타는 것이 아니라 레스토랑에서 고객이 수프를 흘렸을 때 직원들이 어떻게 대응하는지 살피는 것이었다. 이는 세계 최고의 테마파크인 디즈니랜드를 벤치마킹 대상으로 삼고 철저히 고객의 눈높이에 맞춘 서비스를 새롭게 익히라는 의미였다. 길 위의 휴게소이기 때문에 비싼 물건은 팔 수 없다거나 우리 지역의 먹거리이기 때문에 타협할 수 없다는 고정관념으로 다가갔다면 이렇게 성공할 수 없었을 것이다.

우리나라의 휴게소들을 잠시 살펴보면, 전국이 일일생활권이 된 지 오래된 만큼 고속도로와 국도 주변에 참으로 많은 휴게소가 있다. 하지만 위치만 다를 뿐, 판매 음식도 비슷하고 시설들도 비슷하다. 아마 간판을 가리면 어느 지역 휴게소인지 모르는 경우가 대부분일 것이다. 그러다가 몇 해 전부터 지역특산품을 판매하는 곳이 생기더니, 주로 민간 주도로 휴게소가 변신하기 시작했다. 새로 지어지는 휴게소에 아웃렛 건물이 같이 들어선다거나 지역의 자연경관을 살려 일출이나 일몰을 즐기기에 좋게 조성하거나, 숲이 가까운 휴게소들은 반려견 정원을 같이 만들기도 했다. 한 휴게소의 경우 호텔과의 협업으로 아주 세련된 인테리어와 희귀 원두커피를 판매하는 카페, 레스토랑을 입점시켜 미식가들의 발길을 끌고 있다. 여전히 옛날 스타일의 기본적인 기능만 하는 휴게소가 많겠지만 이렇게 변신한 휴게소들이 여러 곳인데도 체계적으로 홍보가 되지 않은 탓인지, 아직까지도 우리에게 휴게소는 그저 여행길에 출출한 배를 간단히 채우거나 급한 볼일 때문에 들르는 곳으로 인식되고 있다.

코로나19가 글로벌 팬데믹으로 확산되면서 전 세계 관광산업이 유례없는 타격을 입었다. 과거처럼 쉽게 국경을 지나다니는 시대로 돌아가기 어렵다는 우울한 전망이 지배하는 가운데 앞으로의 여행이 어떤 모습이 될지 감히 상상하기 어렵다. With 혹은 Post, 그 어떤 수식어를 붙이든 이전 시대로 돌아갈 수 없다는 것은 분명한듯 하다.

그러나 어떤 시대에도 사람들은 움직이고 보고 먹고자 한다. 제약이 많은 시대일수록 기본에 충실해야 할 것이다. 다시 한번 고객의 눈높이에 맞취 그들이 무엇을 원하는지, 그리고 우리나라는 무엇을 할 수 있는지 다시금 고민해야 한다. 비싸도 좋은 것은 팔린다. 우리가 무기로 삼을 수 있는 킬러 콘텐츠가 무엇인지 다시 고민하고 브랜드 전략을 수립할 때이다.

Part 5 역사·문화 체험 관광

──────────────── **역사를 통해 배우고 즐기다**

한 나라를 여행한다는 건 그 나라의 역사와 문화 속으로 들어가는 일이다. 찬란하게 빛나던 시절의 명소든, 고통과 절망이 가득한 곳이든 모두 그 나라의 역사다. 과거를 단지 '지나가 버린 시간'으로 치부한다면, 현재에도 미래에도 과거는 의미가 없다. 사람들이 살고 버텨낸 과거가 있기에 현재가 의미 있는 것이다. 그런 의미에서 역사와 문화를 체험하는 관광은 가장 생생하고 현실적인 여행이라 할 수 있다. 지역주민과 관광객 모두에게 삶의 원동력과 깨달음을 주는 여러 체험 관광을 소개한다.

1

다크 투어리즘

하노이

자카르타

관광의 대상에는 한계가 없다.

삶의 터전을 순식간에 빼앗은 자연재해도,
전쟁과 강점기 시절의 어두운 역사도
관광의 대상으로 발전시킨 나라들이 있다.

희망을 버리지 않고 갖은 노력과 정성으로
'어두움'을 '밝음'으로 승화시킨 것이다.

그래서 이들에게 '다크 투어리즘'은
'브라이트 투어리즘'을 향한 여정에 불과하다.

그 과정을 함께 따라가보자.

하노이

아픈 역사를
관광으로 승화시키다

다크 투어리즘

  관광의 대상은 밝고 즐겁고 활기차고 긍정적인 분야뿐만 아니라 어둡고 부정적인 분야에까지 이르고 있다. 이러한 관광 유형을 다크 투어리즘$^{Dark\ Tourism}$이라고 한다. 다크 투어리즘은 죽음이나 재난과 관련된 장소를 방문함으로써 교육적인 체험을 제공하는 것이다.

  관광이라는 현상은 참 오묘하다. 예쁘고 아름답고 기분이 좋아지는 것들만 관광의 소재가 되는 것이 아니라 때로는 어둡고 불안하고 심지어 불쾌한 아픔까지도 관광의 소재가 된다. 인간이라는 존재는 일상의 익숙함과 다른 것이라면 설령 그것이 꺼림칙한 것일지라도 보고 배우고 즐기거나 반성할 수 있는 능력을 보유하고 있기 때문일 것이다.

- **베트남의 어두운 역사**

  베트남만큼 힘든 세월을 버텨낸 나라는 많지 않다. 기원전 111년부터 938년까지 중간중간의 짧은 기간을 제외하고 1천 년의 세월 동안 중국의 지배를 받았다. 이 시기 베트남의 역사는 항쟁의 역사로 중국으로부터 독립운동을 1천 년간이나 지속한 셈이다. 1882년부터는 프랑스의 지배를 받았고, 제2차 세계대전 시기에는 일본의 지배도 받았다.

  미국 윌슨 대통령의 민족자결주의는 승전국 중심의 논리였다. 제2차 세계대전 종전 직후, 우리나라를 비롯한 대부분의 식민 국가들은 독립했으나, 베트남은 다수가 쟁취한 독립을 맛보지 못한 몇 안 되는 불행한 국가에 속하게 되었다. 오히려 프랑스는 전쟁 전의 베트남에 대한 지배권을 주장하면서 베트남에 군대를 파견했다. 이로써 제1차 인도차이나 전쟁이 1946~1954년에 일어났다. 이것이 끝이 아니다. 바로 다음 해부터 분단된 남북 베트남 사이의 내전(베트남인들은 이를 두고 내전이라고 하지 않고 미국을 중심으로 한 국가들과 베트남과의 전쟁이라고 말하는 이들이 많다.)이 일어났고, 동시에 냉전시대의 자본주의 진영과 공산주의 진영이 대립한 베트남 전쟁이 1955~1975년까지 이어졌다.

그래도 다행인 점이 없지는 않다. 베트남이 고통을 겪고 나서 남은 것들이 문화재나 유적지, 무형유산이 되어 오늘날 베트남의 관광자원이 되었다.

• 중국과 항쟁의 시대

전설에 따르면 레왕조의 태조가 된 레러이黎利가 호안끼엠 호수 Ho Hoan Kiem에서 거북이 물어다 준 용왕의 보검을 얻었고 이 검으로 중국 명나라와의 전투에서 승리하고 왕조를 세웠다고 한다. 후에 태조가 된 레러이는 거북에게 다시 보검을 돌려주었다고 한다. 베트남은 한자 문화권 국가로 베트남어의 70% 정도가 한자어다. 호안끼엠을 한자로 쓰면 검劍을 돌려준還 호수湖라는 의미에서 환검호還劍湖라고 한다. 베트남식 어순으로 풀면 호환검湖還劍이라고 쓰고 베트남식 한자 발음으로 읽어 '호안끼엠'이 된다.

중국과 항쟁의 역사를 안고 있는 호안끼엠 호수 주변은 현대의 하노이 관광에 있어 빼놓을 수 없는 명소다. 이곳은 우리나라의 명동과도 같은 곳으로 배낭여행자들을 위한 저렴한 숙소에서 트럼프 대통령과 김정은 위원장이 회담한 고급 호텔까지 다양한 형태의 숙박 시설이 즐비하다. 맥주 거리, 기념품점과 다양한 음식점들 그리고 상표권에 위반되지만 베트남 쇼핑의 묘미 중 하나로 꼽히는 짝퉁을 파는 상점까지 국내외 관광객들이 빼놓지 않고 들르는 여행자들의 거리로 발전했다.

1 다크투어리즘 — 하노이

1. 노을 지는 호안끼엠 호수 2. 호안끼엠 호수 야경

주말에는 호안끼엠 거리 주변이 차 없는 거리로 운영되고 있어 젊은이들과 연인들, 노점상과 아이들로 넘쳐난다. 특히 폭염도 잊은 채 대낮에 우리의 K-Pop에 맞춰 칼 군무를 추는 베트남의 젊은이들도 볼 수 있다.

베트남에는 공연문화가 많지 않은데, 환검호의 이야기를 바탕으로 만들어진 베트남 전통 수상인형극이 호안끼엠 주변에서 상연되어 관광객들에게 베트남 전통문화를 알리고 있다.

- **프랑스 식민 시대**

호아로 수용소는 프랑스가 베트남을 강점하고 4년 후인 1886년부터 하노이에 건설한 감옥이다. 우리가 감옥을 큰집이라고 부르는 반면, 프랑스인들은 가운데 집 Maison Centrale이라고 부르는데, 호아로 수용소의 초입에 아직도 그 문구가 선명하다. 용도는 주로 베트남 독립 운동가들을 가두고 고문하던 시설이었다. 잠을 잘 때도 도망가지 못하도록 두 발을 묶을 수 있는 침상과 각종 고문 도구, 당시 생활상을 엿볼 수 있는 포로복과 식기, 서구에서 사형을 집행하는 상징적인 도구인 단두대도 전시되어 있다. 호아로 Hỏa Lò라는 이름은 화로火爐의 베트남식 발음인데, 베트남인들은 독립투사들이 감옥에 갇혀서도 화로의 불꽃처럼 시들지 않는 독립 의지를 지켜달라고 '프랑스가 지은 가운데 집'을 호아로 수용소라고 불렀다.

베트남인들을 가둔 이 '화로의 불꽃' 같은 시설을 베트남 전쟁에서는 미군 포로를 가두는 포로수용소로 사용했으니 베트남인들의 지혜가 대단하다. 갇혔던 자가 주인이 되어 다른 누군가를 가둔 이 시설을 미군들은 자조 섞인 의미에서 힐튼 호텔이라고 불렀다. 미군들은 심지어 호아로 수용소에서 수감생활을 했던 사람들을 '동문'이라고 불렀는데, 동문 중에는 후에 베트남 주재 미국 대사가 되어 돌아온 사람도 있고, 가장 유명한 인물로 미국 대선주자였던 존 맥케인 상원의원도 있다. 존 맥케인 상원의원은 이 수용소에서 5년 반이나 생활했고, 후에 미국과 베트남의 국교 정상화 등에 크게 공로했다.

베트남인들은 초강대국인 미국의 영향력을 인지하고 있었고, 전쟁 후의 보복에 대비하기 위해 미군들에게 의료, 체육활동, 미국 본토의 가족과 서신 교환을 허용했으며, 크리스마스트리도 만들게 해주었다. 전쟁은 참혹했을지언정 미군 전쟁 포로에 대한 대우는 나쁘지 않아서 장기수였던 존 맥케인 상원의원도 베트남 발전에 기여하도록 했으니, 베트남인들의 영리한 전략이었다고 생각한다. 베트남 전쟁을 주제로 한 영화에서는 미군 고문 장면도 많이 나오지만, 대부분의 미국인 포로에게는 해당하지 않는 사실이다. 프랑스 사람들이 건축하고 미국의 유명 정치인이 5년 반이나 지낸 시설이다 보니 베트남 관광청에서는 적은 예산으로 효과적인 관광지 마케팅이 된 셈이다. 그래서 지금도 유럽과 미국의 해외여행자들이 반드시 방문하는 관광 명소가 되었다.

- **베트남 전쟁 시대**

우리에게도 익숙한 베트남 전쟁은 1955~1975년 사이에 벌어진 전쟁으로 1964년 8월부터 1973년 3월까지 미국 등 외국 군대가 개입하고 캄보디아와 라오스로 전선이 확대되어 국제전으로 치러졌다. 베트남 전쟁은 베트남 공산주의자인 남베트남 민족해방전선과의 게릴라전과 북베트남 정규군인 베트남 인민군과의 정규전이 동시에 치러졌다. 전쟁의 형태는 대리전으로 전개되었는데, 막강한 화력으로 무장한 외국 군대들을 베트남 공산주의자들이 정면으로 붙어 싸워 이길 방법이 없었다. 그래서 이들은 게릴라전을 벌일 수밖에 없었고, 이때 이용했던 효과적인 이동 수단이 바로 땅굴이었다.

베트남 공산주의자들이 만든 구찌 터널 $^{Cu\ Chi\ Tunnels}$ 은 베트남 호치민 시에서 북서쪽으로 40km 정도 떨어진 곳에 있다. 터널 안에는 병원과 부엌, 식당, 침실, 회의실 등이 설치되어 있어 지하시설이라는 표현이 더 적절할 것이다. 베트남처럼 더운 나라에서 땅굴이 시원해서 좋을 것이라고 생각할 수 있지만 실제 생활은 처참했다. 공기와 식량, 물이 부족했고, 개미가 득실

1 다크 투어리즘 — 하노이

1. 호아로 수용소   2. 응후옌후에 거리의 프랑스식 건물   3, 4. 바나힐에 위치한 프랑스식 건물들

1
다크 투어리즘 — 하노이

1. 구찌 터널 내부   2. 베트콩 시범을 보이는 가이드   3. 구찌 터널에 위치한 게릴라 캠프
4. 베트남전 당시 구찌 터널 모형

거리고 전갈, 거미, 뱀이나 설치류가 출몰했으며, 베트남 공산주의자의 절반은 말라리아에 걸렸다. 말라리아는 전투 다음가는 사망 원인이었다.

베트남 공산주의자들의 게릴라전에 미군을 비롯한 다국적군들이 어려움을 겪자 다국적군은 터널 속으로 가스, 물, 뜨거운 진흙은 물론 수류탄도 던졌다. 하지만 터널의 구조가 복잡하여 큰 소득을 올리지는 못했다. 직접 터널에 들어가서 베트남 공산주의자와 싸우려고도 해보았으나 덩치 큰 서양인들이 들어가기에는 작았고, 터널 곳곳에 부비트랩과 죽창을 설치해서 제대로 전투할 수도 없었다. 1969년에 B-52 폭격기로 그야말로 폭탄을 들이붓는 융단 폭격을 해서 200km의 터널을 120km 정도로 줄였을 뿐이다.

세상이 바뀌고 미국 대통령이 베트남 시내를 돌아다니는 시대가 되니, 이 참혹한 전쟁의 장소가 관광명소가 되었다. 2018년 홍콩의 신문「사우스 차이나 모닝 포스트」는 구찌 터널을 세계 7대 지하시설로 선정했고, 트립어드바이저는 2017년 25개의 아시아 지역 랜드마크 중 8위에 올렸다. 심지어 관광객들을 위한 사격장에다 베트남 공산주의자 사냥에 사용되었던 M-16 소총과 반대편의 상징과도 같은 AK-47 소총까지 준비되어 있다.

40대 이후 세대는 1988년부터 1991년까지 방영되었던 '머나먼 정글'이라는 미국 CBS의 TV 드라마를 기억할 것이다. 그 드라마에서 종종 구찌 터널을 소개했으니, 미국 전역은 물론 우리나라에도 구찌 터널에 대한 홍보 효과가 대단했다. 당시 시청자였다면 드라마에서 흘러나온 주제곡인 롤링스톤즈의 'Paint it black'도 잊지 못할 것이다. 영국을 대표하는 밴드라고 해도 과언이 아닌 롤링스톤즈 역시 구찌 터널을 홍보한 격이다. 호아로 수용소는 물론 구찌 터널 역시 돈 한 푼 들이지 않고 전 세계에 엄청나게 홍보가 된 셈이다.

베트남전은 미국 중심의 자유 진영과 소련, 중국 중심의 공산 진영이 자기네 나라를 두고 엉뚱한 곳에서 전쟁을 한 대리전 양상을 띠었는데, 전쟁 중에서 가장 허무하고 쓸모없는 대리전이라는 사실이 아이러니하게도 구찌 터널을 다양한 나라에 홍보하는 계기가 되었다.

● '어두움'을 '밝음'으로 승화

앞에서 언급한 것처럼 관광의 대상에는 한계가 없다. 그곳이 어둡든 밝든 관광객의 호기심을 끌고 방문할 만한 가치가 있으면 그 무엇이든 관광자원이 될 수 있다. 베트남의 어두운 역사가 현재에는 오히려 더 큰 스토리를 가진 관광자원이 된 것처럼 말이다.

우리에게도 '일제 강점기'라는 어두운 역사가 있다. 서울만 해도 서대문형무소역사관 등 일제 강점기 때 지어졌거나 사용된 시설들이 여러 곳 남아 있고, 백범김구기념관, 윤동주문학관 등 역사적인 인물을 추모하기 위한 공간들도 있다. 하지만 주로 내국인들, 특히 어린이와 청소년을 위한 학습장소로만 이용되고 있고, 외국인들이 한국 방문시 꼭 들러야 하는 관광코스로는 알려지지 못했다. 일제 강점기와 한국 전쟁 등의 역사를 관광에 잘 녹여내어, 고난을 겪어내고 우뚝 선 대한민국의 저력을 더욱 효과적으로 보여줄 관광콘텐츠의 기획이 필요한 시점이라고 생각한다.

자카르타

황폐한 자연에서 희망을 길어 올리다

활화산 트레킹

'인도네시아 므라피 화산 분화', '인도네시아 동부 해상서 규모 6.9 지진 발생' 등 인터넷 포털 사이트에 주요 뉴스로 등장하는 인도네시아 관련 뉴스는 대부분이 자연재해에 관한 소식이다. 2020년 7월 초 네이버 뉴스 기준으로 키워드 '인도네시아 화산'은 11,200여 건, '인도네시아 지진'은 무려 25,900여 건에 달한다. '자카르타', '발리', '지진', '화산' 등 이 네 개의 키워드를 제외하고 인도네시아에 대해 이야기한다는 건 어려운 일일지도 모른다.

인도네시아는 뜨거운 나라다. 국토 전체가 적도에 걸쳐 있는 열대지역이기도 하고 나라 전체가 '불의 고리'라고 불리는 환태평양조산대에 포함되어 있기 때문이다. 그렇지 않아도 기후 때문에 더운 나라인데 깊은 땅속 지각의 틈으로 뜨거운 마그마가 끓고 있으니, 정말 화상가열火上加熱의 뜨거운 나라가 아닐까 싶다. 인도네시아에는 '불의 고리'라는 명칭처럼 동쪽 끝에서 서쪽 끝까지 약 5,100km에 이르는 넓은 땅덩어리를 따라 수많은 화산이 분포해 있다. 약 500여 개의 화산이 존재하는 것으로 알려져 있는데 그중 활화산이 129개, 마지막 분화 이후 400년이 채 지나지 않은 젊은 화산도 약 70여 개에 이른다. 물론 최근까지도 해저 어느 곳에서는 화산이 분출하여 망망대해에 새로운 섬이 솟아오르기도 했다.

- **다크 투어리즘이 아닌 브라이트 투어리즘으로 바라보자**

　최근 인도네시아 족자카르타^{Yogyakarta}의 므라피 화산이 심상치 않다. 2020년 2~6월에 무려 네 차례나 분화했다. 화산이 폭발하면 많은 생명이 희생되고, 터전이 순식간에 사라질 수 있음에도 대부분의 인도네시아 사람들은 특유의 긍정적인 성향과 '모든 것은 알라신의 뜻'이라는 종교적인 신념으로 그곳을 떠나지 않는다. 오히려 아픔이 될 수 있는 화산을 이용하여 관광상품으로 개발하고 판매한다. 어찌 보면 이탈리아의 폼페이 관광상품과 비슷한 다크 투어리즘으로 볼 수도 있겠으나, 과거의 아픔을 그대로 남겨두지 않고 황폐한 자연환경을 경쟁력 있는 관광자원으로 탈바꿈하기 위해 애쓰는 그곳 주민들의 노력과 희망이 반영되었다는 의미에서 브라이트 투어리즘$^{Bright\ Tourism}$으로 명명해야 할 것 같다.

　일반인들에게 많이 알려진 활화산 트레킹 관광상품을 자카르타에서 가까운 순서대로 소개하자면, 땅꾸반 프라후$^{Tangkuban\ Perahu}$ 화산, 므라피^{Merapi} 화산, 브로모^{Bromo} 화산이 있다. 예전에는 현지 한국계 여행사나 로컬 여행사를 통해 전화나 이메일로 예약해야 하는 번거로움이 있었지만, 지금은 '클룩'^{Klook} 이나 현지 온라인 여행 플랫폼인 '트래블로카'^{Traveloka}를 통해 한층 신속하고 간편하게 예약하고 결제할 수 있다.

- **화산 분화구를 직접 체험할 수 있는 유일무이한 곳**

　우리에게 익숙한 찜질방의 맥반석 달걀이 아닌 활화산 유황온천수에 삶은 유황 달걀의 맛을 볼 수 있는 곳은 땅꾸반 프라후 화산이 유일하다. 땅꾸반 프라후 화산은 2013년과 2019년에 분화한 적이 있는 높이 2,084m의 활화산으로, 서부 자바섬 반둥시에서 북쪽으로 약 30㎞ 떨어진 곳에 있다. 반둥은 자카르타에서 기차로 약 세 시간이 걸리는 도시로, 지대가 높아 서늘하여 더위를 피하기 위해 자카르타 시민들이 주말여행으로 자주 오는 곳이다. 방문 시기는 건기인 5~11월이 최적이며, 우기인 12~1월에 방문하면 안개에 가려 화산의 분화구를 제대로 감상할 수 없다. 보통 관광객들은

므라피 화산과 켄둥 카양 폭포

반둥 시내 관광 및 찌아떠르 온천 방문과 함께 땅꾸반 프라후 화산 트레킹을 하는데, 교통체증을 피해 아침 일찍 반둥에서 출발하여 당일 코스로 다녀오는 편이다.

땅꾸반 프라후 화산에는 총 아홉 개의 분화구가 있는데 그중 도마스Domas, 라뚜Ratu, 우빠스Upas 분화구가 유명하며, 가장 규모가 큰 것은 거대한 사발처럼 생긴 라뚜 분화구다. 인도네시아 활화산 트레킹 관광상품 중에서 유일하게 관광객이 화산 분화구에 가까이 접근할 수 있어 화산 진흙팩을 하며 유황온천수에 발을 담글 수도 있다. 화산 분화구 근처에는 화산 진흙, 화산 진흙 분말가루, 화산 암석, 유황에 구운 달걀, 구운 옥수수 등의 다양한 기념품 판매상들이 관광객들을 맞이한다.

화산 입구에는 활발하게 호객행위를 하는 여러 명의 투어 가이드들을 볼 수 있다. 예전에는 관광객들의 자유투어가 가능했지만, 지금은 현지인 투어 가이드가 반드시 동행해야 입장이 가능하도록 국립공원의 규정이 바뀌었다. 이처럼 지역 정부는 땅꾸반 프라후 화산을 기반으로 생계를 꾸려가는 주민들을 위해 관광정책을 변경하는 등 지속적으로 노력하고 있다. 인도네시아 서부 자바 통계청 자료에 따르면, 매년 이곳을 찾는 관광객 수는 약 120만 명이며 그중 외국인 관광객 비율은 대략 5~6%이다. 말레이시아, 싱가포르, 중국, 일본, 한국 국적의 외국인 관광객이 많이 찾는다고 한다.

- **짜릿한 스릴감을 느낄 수 있는 지프 화산 투어**

최근 잦은 분화로 인해 언론에도 심심찮게 오르내리는 므라피 화산은 중부 자바와 족자카르타 특별주 사이에 위치한 높이 2,910m의 활화산으로 인도네시아 활화산 중 가장 활발하게 활동하는 위험한 화산으로 손꼽힌다. 1994년과 2006년에 폭발하여 약 60여 명이 사망했고, 2010년에는 대규모 분출을 일으켜 350명 이상이 숨지고 약 35만여 명의 이재민이 발생했다.

므라피 화산에 가기 위해서는 자카르타에서 약 1시간 국내선 비행기를 타고 족자카르타에 가야 한다. 족자카르타는 우리나라의 경주 같은 역사 도시로, 화산 외에도 유네스코가 지정한 문화유적지이자 세계 3대 불교유적지인 보로부두르 사원, 동남아시아에서 가장 큰 힌두교 사원인 프람바난 사원 등 볼 것이 다양하다.

므라피 화산의 최고 묘미는 언제 폭발할지 모르는 화산 근처를 지프로 달리는 것이다. '므라피 라바 투어'라고 하는 이 관광상품은 두 시간 또는 네 시간 코스 두 종류가 있으며, 화산분출 당시의 현장을 그대로 보존해놓은 박물관과 화산 폭발시 대피할 수 있는 벙커 등을 방문한다. 해당 투어는 2010년 므라피 화산 대폭발 이후 개발된 상품으로, 2019년 10월 14일 화산 분화가 발생한 당일에도 므라피 화산 지프 관광협회는 지프 1,000여 대로 관광객들과 지역주민을 태우고 화산 대피소 벙커까지 행진하는 이벤트를 개최했다. 물론 화산 분화 발생시각 전에 행사를 마쳐 아무런 피해가 없었다고 하지만, 가스 및 수증기 분출 등 화산 분화 전조현상이 분명히 있었을 텐데도 끝까지 행사를 감행했다는 점이 우리 입장에서는 참으로 놀라지 않을 수 없다.

이처럼 이곳 지역주민들에게 므라피 화산은 자연재해의 큰 아픔과 상처를 남긴 화산이라기보다 현재와 미래의 삶을 좀 더 윤택하게 살기 위한 생계수단으로서 매우 중요하다. 대부분의 지역주민들이 지프차 운전기사, 로컬 투어 가이드, 수공예품 제작자, 박물관 운영 관리자, 사진기사, 기념품 판매자, 식당 운영자 등 관광 관련 직종에 종사하며, 이곳 지역 정부는 해당 투어를 더욱 발전시키기 위해서 지프차 수 증대, 지프 차량 상태 관리 등 세부사항들을 협회를 통해 지속적으로 지원하고 있다.

한편, 현지 언론에 따르면 2018년 말부터 2019년 초까지 연말 연휴 동안 무려 6천여 명의 관광객들이 새해맞이를 위해 이곳을 방문했으며, 이 한 달동안 '므라피 화산 투어'를 통해 약 100억 루피아^{약 85억 원} 상당의 수익이 창출되었다고 한다.

1 다크 투어리즘 — 자카르타

1. 땅꾸반 프라후 2. 므라피 화산 분화 3. 므라피 화산 라바 투어 4. 라바 투어용 지프차

- ### 활화산 트레킹은 브로모 화산이 최고

2019년 3월 21일 분화 이후로 잠잠한 브로모 화산은 높이 2,329m의 활화산으로, 인도네시아 제2의 도시인 수라바야에서 차량으로 4시간 거리인 동부 자바에 있다. 브로모 화산에는 인근 도시인 말랑, 수라바야, 프로볼링고 등에서 일일 투어로 가는 것이 일반적이다. 브로모 화산은 환상적인 일출로 매우 유명하며 이 외에도 산 중턱에서 말타기, 지프 투어 등 다양한 액티비티를 즐길 수 있다. 무엇보다도 지대가 높아 영상 10도의 쌀쌀한 날씨를 경험하기 위해 오는 현지인들도 종종 있다. 현지인들에게는 추운 날씨이기에 화산 입구 근처에 두꺼운 점퍼 대여점이나 판매점이 있다.

특히, 1년에 한 번 브로모 화산에서 개최되는 힌두 의식인 '야드냐 카사다Yadnya Kasada'는 참배객들이 쌀, 채소, 과일, 꽃, 가축, 돈 등의 제물을 브로모산의 신에게 바치는 의식으로, 관광객들에게는 매우 신선한 광경이다. 화산 분화구 안에는 던져진 그 제물을 받기 위해 지역 원주민들이 기다리고 있는데, 그 제물을 받아내면 행운이 온다고 믿기 때문이다. 이 의식과 관련된 흥미로운 설화가 있다. 14세기 마자파힛 왕국 시절, 조코 세거 왕과 로로 안텡 왕비는 자녀가 없어 브로모산의 신에게 아이를 낳게 해달라고 기도했고, 신은 막내아들을 제물로 바친다고 약속하면 25명의 아이를 낳게 해주겠다는 조건을 걸었다. 이를 수용한 왕과 왕비는 25명의 자식을 낳았지만 약속을 지키지 않았고, 분노한 신은 나라 전체에 재앙을 내리겠다고 위협했다. 이를 알게 된 막내아들이 나라를 위해 스스로 브로모 화산의 분화구에 몸을 던졌다. 이를 추모하는 의식으로 15세기부터 마을 주민들은 그들의 달력으로 마지막 달 보름에 여러 제물을 브로모산의 신에게 바치게 되었다.

이 설화를 알아야 지역 원주민들이 왜 위험한 화산 분화구에 굳이 걸어 내려가서 제물을 받아내는지 이해될 것이다. 이처럼 브로모 화산은 눈에 보이는 광대한 화산 자연환경과 눈에 보이지 않는 이야기가 함께 관광객들의 감성을 자극한다. 앞서 언급한 땅꾸반 프라후 화산과 므라피 화산과 달리 브로모 화산은 현재까지 전해오는 설화 등 사회적 자원까지 가지고 있는 매력 만점의 관광자원임에 분명하다. 지속 가능한 브로모 화산 투어가 되도록 이곳 지역 정부가 체계적인 원칙을 수립하고 연구를 계속하고 있는 것은 다행인 점이다.

● 제주도를 새롭게 바라보자

자연재해를 통해 우리 인간은 막대한 피해를 입기도 하지만, 다른 한편으로는 우리가 살고 있는 지구의 생동감 있는 모습과 광활한 자연의 경이로움을 직접 깨닫고 느끼기도 한다. 그래서 많은 외국인 관광객들이 인도네시아 화산 투어에 참여하는 것이 아닐까 싶다. 어차피 자연재해는 인간이 어찌할 수 있는 영역이 아니며 언제 또 발생할지 불확실하기 때문에 인도네시아 사람들은 화산 폭발의 피해를 더는 과거의 역사로 남겨두지 않고 더불어 살아가는 방법을 선택한 듯하다. '누이 좋고 매부 좋고'라는 속담처럼 화산 투어는 지역주민들에게는 삶의 원동력을, 관광객들에게는 자연의 원대함과 경이로움을 선사한다. 이렇게 상생하며 살아가는 모습이 오히려 더 현실적인 인간의 모습이 아닐까?

다행히도 우리나라는 화산 같은 자연재해로부터 자유로운 편이다. 북한의 화산을 제외하면 우리나라 화산은 제주도의 한라산과 울릉도의 성인봉을 꼽을 수 있다. 인도네시아의 화산이 한참 젊고 혈기왕성한 화산이라면, 우리나라의 화산은 중장년의 점잖은 화산이어서 용암이 분화하거나 가스가 분출하여 지역주민이나 관광객들이 가슴을 졸일 일이 없다. 아주 감사한 일이다.

우리나라에도 화산활동의 결과로 형성된 대표적인 관광지 제주도가 있다. 우리에겐 너무나 잘 알려진 곳이라 특별하지 않다고 생각할 수도 있다. 하지만 제주도는 독특하고 아름다운 자연환경을 가진 한국의 하와이 같은 곳으로 외국인 관광객들에게 인기가 높다. 하지만 화산활동으로 유래된 수많은 장소들이 '유네스코 세계지질공원'으로 인증된 것은 잘 모르는 듯하

1. 브로모 화산 2. 브로모 화산을 오르는 사람들 3. 야드냐 카사다

1 다크 투어리즘 ── 자카르타

제주도 주상절리

다. 섬 전체가 세계지질공원이며, 그중에는 한라산, 만장굴, 천지연폭포 등 화산활동으로 형성된 주옥같은 관광지들이 많다.

수많은 기생화산인 오름이 어떻게 생겨났는지, 산방산 용암돔은 왜 종 모양인지 등등 제주도의 생성 비밀을 풀면서 여행한다면 눈도 즐거울 뿐만 아니라, 탐험을 통해 제주도의 지질 환경을 직접 체험할 수 있어 제주도를 찾는 사람들에게 지적 성취감을 느끼게 할 것이다. 만장굴 속에서 과거 뜨거운 용암이 흘렀을 거칠거칠한 현무암 표면을 어루만지며 약 8천여 년 전 이 동굴이 생길 때의 온도를 상상해본다면 그때 느끼는 제주도는 예전과 같지 않을 것이다. '사랑하면 알게 되고 알게 되면 보이나니, 그때 보이는 것은 전과 같지 않으리라.'는 말처럼 세계 어디에도 없는 아름다운 자연환경을 가진 제주도를 새롭게 바라보며 지속적으로 관심을 가져야 하겠다.

2

역사·전통문화 체험

베이징

선양

울란바토르

고유한 역사와 문화를 지닌 세계 각국은
상생을 추구하면서도 늘 갈등과 분쟁 속에 있다.

옛것의 가치에서 새로운 깨달음을 얻을 수 있는 여행,
다름을 인정하고 공존을 생각하게 되는 여행이
바로 역사·문화 체험 관광이다.

'현재'보다 '미래'를 위해 역사와 문화를 알리고
지켜나가는 나라들을 통해 우리의 미래도 모색해보자.

베이징

여행하며 배우는
역사학습

홍색관광

　중국에 홍색관광^{紅色旅遊} 열풍이 불고 있다. '홍색관광'이란 중국 공산당 혁명 당시 활동했던 유적지를 여행하고 체험하는 것을 말한다. 이념학습 여행상품이라 해도 무방할 듯하다. 코로나19의 영향으로 잠시 소강상태이긴 하나 홍콩의 대규모 시위와 미중 간 무역전쟁으로 정치, 경제적 위기에 봉착한 중국 정부가 이를 장려하면서 열풍이 사그라지지 않고 있다. 오히려 홍색관광에 나서는 이들의 연령대가 점차 낮아지고 있다. 과거에는 혁명 유적지에 대해 향수를 가진 고령층이 주로 찾았으나, 최근 몇 년 사이 젊은 층의 참여가 눈에 띄게 늘었다. 2018년 중국 최대 온라인 여행사인 씨트립^{C-Trip}에 의하면 홍색관광에 참여한 관광객의 39%가 19~38세인 것으로 나타났다.

　이러한 열풍을 반영하듯 중국 최대 여행커뮤니티 플랫폼 마펑워^{馬蜂窩}는 2018년 대표적인 홍색관광지 10곳을 발표했다. 홍군 대장정의 종착지인 산시성 옌안^{延安}을 비롯해 샹탄^{湘潭}, 쉬저우^{徐州}, 자싱^{嘉興}, 징강산^{井岡山} 등 모두 중국 공산당 역사에서 의미가 있는 곳이다. 국가여유국의 통계에 따르면 2017년 13억 1천만 명이 홍색관광에 참여했으며 관광 수입은 약 59조 원에 달했다고 한다.

- **애국심 고취와 권력층의 지배력 강화 목적**

  중국에서 홍색관광은 2004년 말부터 본격화되었다. 중국 정부에서 특정 목적을 가지고 개발, 보급한 것이다. 홍색관광의 이면에는 중국 공산당의 통치능력을 공고히 하고 중국인들의 민주화 요구와 사회적 불만을 잠재우려는 의도가 깔려 있다. 경제성장 둔화로 인한 민심을 잡아두기 위해서라는 의견도 있다.

  홍색관광이 본격화되기까지 준비 기간은 오래 걸렸다. 1980년대 후반부터 국가여유국은 혁명 기념지 등의 관광시설을 개발하고, 홍색관광 코스를 소개하는 등 홍보활동을 다양하게 전개해 왔다. 주로 낙후된 지역에 위치한 과거 혁명 거점과 기념지를 관광을 통해 새로운 경제성장 모델로 만들고 이 지역의 주민들이 빈곤에서 탈출할 수 있도록 지원한다는 전략에서 출발했다.

  홍색관광은 일반적인 여행상품과 형태나 내용 면에서 많은 차이가 있다. 즉 학습과 관광이 결합한 형태인데, 관광을 통해 중국 혁명사를 학습하고 현장을 체험하는 것이다. 이러한 형태는 독일 등 몇몇 선진국의 사례에서 벤치마킹했다. 일반적으로 중국인들은 여행과 학습이 매우 긴밀하게 연결되어 있다고 여긴다. '만권의 책을 읽고 만리길을 걷는다'讀萬卷書 行萬里路라는 성어成語를 충실하게 이행하고 있는 셈이다.

- **공산당 역사에서 큰 사건이 일어난 곳들**

  홍색관광의 주요 방문지역은 과거 홍군이 장정에 올랐던 곳이나 공산당 역사에 한 획을 그었던 곳들이 중심이다. 이중 가장 이목을 끄는 곳은 저장성 자싱 유적지, 장시성 징강산 혁명 근거지, 산시성 옌안 유적지 등 세 곳이다.

  저장성 자싱 유적지는 중국 공산당이 창당 선언을 했던 곳으로 중국 혁명의 성지로 유명하다. 1921년 7월 마오쩌둥 등 13명의 공산당 대표들이 상하이에서 제1차 당대회를 열었다가 경찰에 발각되어 이곳으로 피신해서

선상 회의를 통해 창당선언문과 당 강령을 통과시켰다. 중국 당국은 그 당시의 배를 복원해 혁명을 상징하는 붉은 '홍'紅 자를 붙여 '홍선'紅船으로 명명하고 관광상품화했다. 장시성 징강산은 홍군의 탄생지로 중국 혁명의 요람으로 불린다. 1927년 10월 마오쩌둥은 천여 명의 공산당원을 거느리고 징강산에 혁명의 근거지를 마련했다. 1959년 개관된 혁명박물관에는 국가혁명자료 24점 등 많은 자료가 전시되어 있다. 마지막으로 산시성 옌안은 중국인민해방군의 전신인 홍군의 이만 오천 리 대장정의 종착지이다. 마오쩌둥의 정치적 고향으로도 불린다. 국민당의 포위와 추격을 뚫고 368일간 고난의 행군 끝에 옌안에 도착한 마오쩌둥은 이후 10여 년 동안 이곳에 머물면서 공산당 세력을 규합하고 항일전선을 구축했다.

- **당시 분위기를 직접 느낄 수 있는 체험활동**

홍색관광은 프로그램도 일반관광과 많이 다르다. 당시의 대장정 분위기를 느끼고 직접 체험하기 위해 홍군복을 빌려 입고 공산당 기념시설들을 둘러보는 식이다. 배급표를 들고 줄을 서서 음식 배식을 체험하는 프로그램도 있다. 관광지 곳곳에 설치된 뉴트로 풍의 물품들이 당시 분위기를 느끼게 한다. 많은 중국인들이 홍군정신을 느끼고 싶어서 군복을 입는다고 한다. 당기를 앞세워 단체 사진을 찍는 모습도 흔하게 볼 수 있다.

개별여행보다는 학교나 회사 등 단체관광이 많은 것도 특징이다. 개인의 취향보다는 조직의 결정이 많이 반영되었음을 짐작할 수 있다. 관광이라기보다 오히려 현장학습에 더 가깝다. 비록 중국 정부가 적극 장려하여 시작된 홍색관광이지만 중국인들의 자발적 참여도 있었기에 홍색관광 열풍이 가능했을 것이다.

2019년 10월 1일은 중국 건국 70주년 기념일이었다. 중국 정부가 개최한 대규모 기념행사에 관심이 쏠리면서 홍색관광객도 덩달아 늘었다. 이렇듯 공산당과 연관된 행사가 있을 경우 홍색관광에 대한 관심과 참여가 크게 증가한다. 홍색관광과 공산당 이념교육 간에 밀접한 관계가 있음을 알

1. 옌안 혁명기념관 전경 2, 3. 징강산 혁명박물관 4. 마오쩌둥이 기거했던 집

1, 2, 3. 홍색관광을 체험하는 사람들 4. 징강산 혁명박물관의 마오쩌둥 대형 동상

수 있는 대목이다.

홍색관광지가 일반 관광객들이 선호하는 뛰어난 풍경이나 훌륭한 즐길거리 등을 보유하고 있는 것은 아니다. 오히려 산간 등 비교적 외지고 낙후된 곳에 있다. 그럼에도 많은 사람들이 이곳을 찾는 배경에는 이념적인 측면 외에도 중국의 비약적인 경제발전도 한몫했다. 소득증가로 금전적, 시간적 여유와 함께 여행에 대한 관심이 증가했고, 고속도로나 철로개통 등 교통 불편이 상당히 해소되었다. 중국은 계층간, 도농간 양극화가 점차 심해지고 있는데 홍색관광 장려를 통해 이를 개선하고자 하는 의도도 있다.

- **왜 중국인들은 홍색관광에 열광하는가?**

그렇다면 왜 중국인들은 그다지 현대적이지도 않고 재미도 없어 보이는 이러한 여행에 열광하는 것일까? 답은 중국의 사회주의 국가체제에 있다. 중국의 공산당원은 2018년 9천만 명을 돌파했다. 1921년 59명에 비해 159만 배 증가한 수치다. 개혁개방을 시작한 1978년 이후 입당한 당원이 전체의 82%에 달하며 80년생 이후가 전체의 1/3을 차지한다. 전문대학 이상 고학력자도 절반에 육박한다. 갈수록 당원 구조가 개선되고 젊은 피가 꾸준히 수혈되고 있는 것이다. 심사과정이 매우 엄격해 원한다고 누구나 당원이 될 수 있는 것도 아니다. 시진핑이 1973년에 첫 입당원서를 낸 후 열 번이나 떨어진 일화는 유명하다. 중국에서 공산당원의 의미는 각별하다. 누구나 당원이 되어야만 출세할 수 있다고 생각한다. 실제로 공산당원이 아니면 중국 사회에서 출세는 거의 불가능하다. 홍색관광은 이러한 현실 인식과 맞물려 있는 셈이다.

최근 홍콩의 대규모 반중시위, 대만 총통선거결과에 따른 분리 움직임, 미국과의 경제무역분쟁, 코로나19 영향으로 해외여행 제한 등 크고 작은 문제에 봉착한 중국의 입장에서 볼 때 지지세력을 더욱 결집하고 장악력을 강화하기 위해 홍색관광을 더욱 장려할 것으로 보인다.

● **외국에서의 홍색관광 현황과 시사점**

앞서 말했듯이 홍색관광은 중국 정부의 정책적 산물이다. 중국 정부는 2016~2020년 동안 총 264억 위안^{약 4조 4천4백억 원}을 투입해 홍색관광을 거대 산업으로 육성하겠다는 계획을 발표했다. 매년 홍색관광에 지출한 비용이 전체 국내 여행 지출의 10%를 차지했다. 기업들의 참여도 잇따르고 있다. 유력 부동산업체인 완다그룹은 2021년 공산당 창당 100주년에 맞추어 1조 8천억 원을 투입해 공산당 테마파크를 건설할 계획이라고 한다.

홍색관광 규모가 커지면서 중국을 넘어 외국에까지 그 영역을 넓히고 있다. 칼 마르크스의 고향인 독일과 묘지가 있는 런던 하이게이트 국립묘지, 파리코뮌 등을 둘러보는 여행상품도 생겨났다. 지구상에 몇 개 남지 않는 사회주의 국가 쿠바도 대상 지역이다. 북한의 중국인민지원군 열사능원에 한국전쟁 당시 전사한 마오쩌둥의 장남 마오안잉의 묘가 있는데, 물론 이곳도 해외 홍색관광 코스 중 한 곳이다.

홍색관광이 중국 관광객들의 해외여행 트렌드로 자리 잡을 가능성이 커지자 관련 유적을 보유한 국가들의 홍보 움직임도 활발해졌다. 그중 가장 눈에 띄는 국가가 러시아다. 1928년 중국 공산당 6차 당대회가 열렸던 모스크바에 박물관을 짓고, 마오쩌둥의 아들 등 공산혁명가 자녀들이 다녔던 기숙학교도 외부에 개방했다. 레닌의 고향과 레닌이 공부했던 지역도 관광코스로 만들어 홍보하고 있다.

중국 공산당 기관지 「환구시보」는 '홍색관광의 목표는 세계화'라고 말한다. 중국 정부가 홍색관광을 장려하는 이유가 혁명 유적지로 외국 관광객들을 불러오기 위함이라는 것이다. 하지만 실제 통계상으로는 주요 유적지를 방문하는 외국인이 1%도 안 될 정도로 매우 적다. 때문에 이러한 주장은 국민을 이념으로 무장시킨다는 비난을 피하기 위한 일종의 모양새로 보이기도 한다.

우리나라는 중국과 다른 국가체제로 운영되어 왔기 때문에 홍색관광에 적합한 유적이나 자원을 보유하고 있지 않다. 다만 과거에 시도되었거나 앞으로 시도해볼 만한 역사·문화 관광상품을 새롭게 기획해 볼 수 있겠다. 해설과 함께하는 통일전망대와 비무장지대^{DMZ} 관람, 민주화운동 역사를 소개하는 코스 등을 여행상품으로 기획하는 것도 다른 나라와 차별되는 관광콘텐츠가 될 수 있을 것이다.

   홍색관광은 정부 주도로 진행된 이념교육 상품이라는 한계가 있다. 또한 민간에서 자생하지 않아 지속가능성에 대한 의문도 제기된다. 다만 다른 국가에서 쉽게 찾기 힘든 독특한 역사, 문화 여행상품으로 소재, 운영방식 및 성과 측면에서 좀 더 들여다볼 가치가 있어 보인다.

선양

접경지역에서 만나는 평화관광

3국 1조망 국경선 여행

- **분쟁과 충돌의 아이콘 국경선**

　대한민국은 분단국가의 특수성으로 오랜 세월 동안 국경선의 영토분쟁이나 갈등에 대해 별다른 관심 없이 지내왔다. 굳이 말하자면 DMZ가 국경이라 할 수 있겠다.

　반면에 한반도 면적의 44배인 중국은 동쪽의 북한을 시발점으로 북쪽으로 러시아, 몽골, 카자흐스탄, 키르키스탄, 타지키스탄, 아프카니스탄, 파키스탄, 인도, 네팔, 부탄을 거쳐 남쪽의 미얀마, 라오스, 베트남에 이르기까지 14개국 20,280㎞에 이르는 기다란 국경 사이로 각양각색의 민족과 마주하며 때로는 충돌로, 때로는 협상으로 분쟁과 상생을 반복하고 있다. 이처럼 국경의 갈등과 분쟁은 때로 전쟁의 도화선으로 확대될 우려까지 생길 정도로 접경지대는 충돌과 분쟁을 피해 갈 수 없는 고위험지대라고 할 수 있다.

　중국의 동북지역만 해도 러시아, 몽골, 북한과 국경을 마주하면서 최대의 우방국이자 지원국임에도 불구하고 국경분쟁에서는 한치의 양보와 타협도 허락지 않는다는 것을 역사는 잘 보여주고 있다. 한 예로 1969년 중·소의 접경 우수리강 지역의 영토 갈등은 핵무기를 준비할 정도로 피바람 몰아치는 위기상황이 전개되기도 했다.

1. 3국 접경지   2. 두만강 위의 북-러 철교   3. 전망대의 3국 접경지를 나타내는 국기
(사진 제공 : kaidatravel.ru)

용호각 전망대 (사진 제공 : kaidatravel.ru)

● 화합과 상생의 평화관광 클러스터

　위험천만한 긴장과 분쟁의 지역을 교류와 상생의 초 국경 평화관광 클러스터의 거점으로 탈바꿈시키면서 평화롭고 풍요로운 글로벌 국경도시로 변해가고 있는 곳이 있다. 중국 동북의 접경도시 훈춘이 바로 그곳이다.

　평화, 안보, 생태, 다민족 문화 관광 명소로 관심을 받고 있는 훈춘의 방천 지역은 북·중·러 3개국이 국경선을 마주하는 만큼 파란만장한 역사를 지닌 곳이며, 늘 긴장과 충돌의 가능성을 염두에 둘 수밖에 없는 지역이다. 또한 방천은 제2차 아편전쟁으로 '동방의 정복'이라 불리는 블라디보스톡과 사할린 지역 등 한반도의 10배에 이르는 광활한 영토를 러시아에 빼앗기면서 동해로 나가는 해상 길목을 잃어버린 지역이기도 하다.

　'닭이 울면 세 나라가 들을 수 있고, 호랑이가 포효하면 세 나라가 놀라며, 꽃의 향기는 세 나라에 퍼지고, 웃음소리는 세 나라에 전해진다.'라는 비유가 회자될 정도로 서로 가깝고도 먼 3개국 1지역인 셈이다. 비애와 갈등의 불씨가 남아 있는 3국 접경지역 특성상 협업과 상생의 개발계획은 각국의 정치적, 실리적 한계를 극복하지 못해 수십 년간 꿈같은 청사진만 난무해왔다. 먼저 그 장벽을 초월해 보고자 시도한 나라가 중국이다. 중국은 2002년 훈춘 접경지역을 국가급 관광 명승지로 지정하여 초 국경 국제관광 거점지역으로 만들어 화합과 상생의 평화관광과 생태관광 클러스터로 발전시키려고 도약의 발판을 마련했다.

　방천의 3국 1조망 용호각 전망대에 오르면 동쪽으로는 러시아의 핫산 기차역과 레이더센터 등이 눈에 들어오고, 서남쪽으로는 북한 두만강역 등을 먼발치로나마 바라볼 수 있다. 남쪽으로는 두만강 물줄기 위로 북-러 두만강 신철도가 국경선임을 입증이라도 하듯 양쪽으로 서로 다른 건축 양식을 선보이며 동해로 가는 두만강 물길을 든든히 지켜내고 있는 모습이 인상적이다.

　북-러 철교 너머로는 보일 듯 말 듯 먼 동해 바다와 내 땅인 듯 남의 땅인 광활한 평원, 호수와 작은 연못이 눈에 들어온다. 한술 더 떠 스마트폰의 시간이 러시아 시간으로 자동 변경되고, 러시아 출입국에 대한 안내 및 주의사항 메시지가 뜨는 등 국경을 초월한 스마트 전파 접경을 체험시켜 주기도 한다.

2019년에는 오랜 연구와 협의 끝에 두만강 하류 북·중 관광코스가 개발되었다. 중국 쪽 훈춘 방천 관광구에 설치된 두만강 임시 출입통로를 통해 간단한 출국 수속을 받은 다음 부두에서 작은 유람선을 타고 약 20분 거리의 북한 두만강 부두로 이동하여 나선특구를 관광하는 상품이다. 비자 없이 개인 신분증만으로 1인 470위안^{약 7만 9천 원}에 당일 북한 여행이 가능하기에 주목받는 초 국경 관광상품이다. 특히 이순신 장군의 업적을 기리는 승전대를 돌아보는 코스는 향후 우리나라 관광객의 북한 개별여행이 가능해지는 시기가 되면 백두산 관광 등과 연계하여 남북 평화관광의 작은 돌파구를 만들어 줄 수 있는 가능성도 높아 더 특별한 의미가 있는 코스라고 할 수 있다.

- **평화관광 클러스터의 비전과 한계**

북·중 관광코스 외에도 중국 두만강 제1부두 - 중·러 접경 토자비 - 러시아 하산 마을 - 하산 클럽 메드 - 하산 피터대제 만 부두 등의 코스는 중국 측의 적극적인 개발과 투자 의지 속에 협의가 진행 중이지만 러시아의 소극적인 태도로 추진되지 못하고 있다. 초 국경 지역 관광코스 개발의 한계가 드러나는 한 단면으로, 각 지역의 수익 구조, 인구, 경제적 규모 등의 불균형을 해소할 수 있는 상생 균형의 수익 분배모델 도출 등의 전략이 선행되어야 한다는 것을 잘 보여준다.

훈춘이 가진 미래 가능성이나 글로벌 합작정책 이면에는 러시아의 신동방정책, 중국의 일대일로와 해양진출 전략 등 해양 영토 확장과 자국 주도권 확보를 위한 내셔널리즘이 복잡하게 얽혀 있다. 따라서 환동해권 국가들의 정치적 상황변화에 따른 분쟁과 긴장은 남아 있을 수밖에 없다. 다양한 글로벌 교류 협력 프로젝트와 관광개발 투자유치 청사진을 공약처럼 발표하면서도 국경을 지키고 있는 군부대의 동향이나 검문검색을 강화하고 외국인 출입금지 구역을 확대하는 것을 보면 접경지역 여행 내내 그 이면에 흐르는 긴장감을 생생하게 느낄 수 있다. 따라서 복잡한 이해관계와 지역 내 중재의 한계를 해결하기 위한 대안으로 제3의 글로벌 기구나 단체 등의 투자와 지원 플랫폼이 필연적으로 병행되어야 한다.

훈춘 지역도 화려한 청사진을 가지고 거시적 명맥을 유지하고는 있지만, 각국의 정치적 이해관계의 벽을 넘지 못하고 있는 실정이다. 다만 중국 자체적으로는 일대일로 정책 등과 연계하여 북·중 접경지역 경제 활성화와 유엔 제재를 우회하는 우방국 지원이라는 일석삼조의 효과를 위해 주변 지역 관광지 개발과 중국 관광객의 북한 관광을 소리 없이 권장하며 한계를 기회로 만들기 위해 투자와 지원을 아끼지 않고 있다.

- **동북아를 아우르는 한반도 평화관광 프로세스**

접경지역 관광은 관광객의 안전 보장에 특별한 주의가 필요하기에 지역 지방정부나 주민들의 더 적극적이고 주도적인 참여와 협력이 절실하다. 중앙정부의 정치적, 안보적 이해관계로 상충되는 이슈나 갈등을 접경지역의 지방정부나 주민의 지속적인 교류와 협력이 기반이 되어 완충 작용을 해 줄 수 있기 때문이다. 접경지역의 다양한 이해관계를 문화 관광교류와 경제 협력으로 해결해 나가는 국경 지역 글로벌화 정책이나 추진과정이 남·북 평화관광 협력 사업 추진을 위해서도 좋은 시사점을 제공해 줄 것이다.

북·중·러 3국을 한눈에 응시해 볼 수 있는 용호각 전망대에 올라 두만강 건너 승전대에 깃들어 있는 이순신 장군의 기상을 느끼면서 한반도 평화관광의 큰 비전과 가능성이 언젠가는 꼭 실현되기를 간절히 바란다.

울란바토르

축제를 통해
유목민 문화를 즐기다

나담 축제

　사계절이 뚜렷한 나라, 몽골. 몽골은 계절마다 고유한 특징이 있으며 유목민들의 생활도 이에 맞게 흘러간다. 몽골도 도시화되었지만 아직도 유목민들은 전통문화를 지켜가며 유목 생활을 한다. 이들은 영하 30~40도의 추운 겨울과 영상 30~40도의 무더운 여름에도 가축의 먹이가 풍부한 곳으로 이동하며 생활한다. 그만큼 가축은 몽골 유목민들에게 중요하다. 전 세계 나라들 중 몽골만 가축을 다양한 명칭으로 부른다. 유목민들은 말, 소, 양, 염소, 낙타 등 다섯 가지 가축을 키우는데 이들을 나이 별로 다르게 부른다.

　유목 생활을 하는 몽골인들의 일상생활 인사도 가축과 관련 있다. 오랜만에 연락을 주고받는 사람들은 인사할 때 '가축들은 겨울을 잘 견뎠습니까?', '고향에 봄 날씨가 좋습니까?' 하고 물어보면서 인사를 나눈다. 유목민들의 생활이 가축은 물론 날씨와도 밀접하게 연관 되기 때문이다.

● **몽골의 설날 '차강사르'**
　유목민들의 최대 명절 중 하나가 차강사르, 바로 설날이다. 아시아 지역 국가 대부분이 설날을 지내지만 문화와 생활 방식에 따라 그 모습이 조금씩 다르다. 몽골인들에게 설날은 의미가 크다. 몽골 국민들은 가축의 활력

1. 차강사르 (사진 제공 : Gonchig Gan-Ulzii)   2. 차강사르 (사진 제공 : Sukhbat Narantungalag)

이 좋은 가을철에 설날을 지내곤 했는데, 1206년에 칭기스 칸이 몽골제국을 세운 후부터는 봄에 지내게 되었다. 그 당시 유목민들은 사계절 동안 이동하며 생활했기 때문에 가족 또는 친척들과 자주 만나지 못했다. 그래서 가족과 친척들 집에 방문하여 새해 첫 인사를 전하는 차강사르를 보내게 되었다. 차강사르 때 몽골 전통문화를 체험할 수 있을 뿐만 아니라 고기만두, 유제품, 우유차 등 몽골인들의 전통 음식도 먹어 볼 수 있다. 차강사르 전날을 '비퉁'이라고 하는데, 이날 가족들과 함께 밥상을 풍부하게 차리고 겨울의 마지막 저녁을 보내며 새해 전야제를 지낸다. 차강사르 밥상의 대표 음식으로 양고기를 통째로 삶아 올리는데, 이를 '오츠'라고 한다. '오츠'를 밥상에 올리는 것은 그 집의 가축들이 한겨울을 야위지 않고 잘 견뎠다는 의미를 가진다. 또한 전통 의상인 '델'을 차려입고 친척들 집을 방문하여 세배를 올린다. 몽골 국민들은 차강사르를 풍부하고 크게 지내야 새해를 건강하고 행복하게 지낸다고 믿기에 그 의미가 크다.

- **유목생활이 담긴 '나담' 축제**

'나담' 축제는 몽골 유목민들의 문화와 생활을 즐길 수 있는 유일한 축제다. '나담'이란 몽골어로 '놀이'나 '경기'를 의미하는데, 흉노 제국 시절부터 시작되었으며 원래는 제사를 지내기 위한 행사였다고 한다. 2010년에 유네스코 문화유산으로 등재되었으며 매년 7월 11일~13일에 전 지역에 걸쳐 진행된다. 전국적으로 7월 중순에 치르기도 하고 각 지역별로 날짜를 다르게 정하여 진행되기도 한다.

몽골 최대 축제인 나담 축제는 몽골만의 문화적인 특징과 유목민 문화를 통합시킴으로써 해외에 몽골 전통문화를 부각시키는 데 크게 이바지했다. 몽골을 방문하는 해외 관광객들의 약 20%가 나담 축제를 관람하러 7월에 온다. 축제 첫날인 개막식 하나만으로 몽골 문화와 나담 축제의 의미를 느낄 수 있을 만큼 개막식을 대규모로 치르기에 이를 관람하러 오는 관광객들이 특히 많다. 축제는 씨름과 말타기, 활쏘기 등 몽골 전통 스포츠

1. 나담 축제 개막식 퍼레이드 (사진 제공 : Choijilsuren Seseerkhuu)
2. 승마 경기 (사진 제공 : Dorjgotov Khan-Uul)   3. 씨름   4. 나담 축제를 즐기는 사람들

활쏘기

세 가지로 구성되어 나담 축제를 '남성의 세 가지 경기'라고 부르기도 한다.

몽골 전통 스포츠 중의 하나인 씨름은 남자의 힘과 슬기를 겨루는 경기다. 나담 축제의 하이라이트는 바로 씨름으로 팔꿈치나 무릎 또는 신체 부위가 바닥에 닿으면 지는 식이다. 모두 512명의 씨름 선수들이 경기를 하며 이긴 횟수에 따라 매, 코끼리, 사자, 거인 등의 칭호를 받게 되며, 이는 선수가 평생 불리게 되는 자랑스러운 칭호다. 씨름 선수들이 입는 복장에도 의미가 담겨 있는데, 빨간색은 몽골 전통 씨름의 발전을 상징하며 파란색은 푸른 하늘을 상징한다.

몽골 사람들이 숭상하는 말은 아주 옛날부터 유목민들의 이동수단이었다. 말 없는 몽골 역사를 상상하기 어려운 만큼 말은 몽골인들의 일상생활에서 빠질 수 없는 동물이다. 승마 경기는 말의 연령으로 구분하여 진행되며 각각 10~20km 정도 달린다. 넓은 초원에서 말을 타고 달리는 어린 선수들은 나담 축제의 주인공이다. 안장도 없이 말허리에 앉아 우승만 바라고 경주하는 어린 선수들을 보면 놀라지 않을 수 없다. 일등을 한 선수와 말이 결승선에 도착하면 관람객들이 달려가 우승한 말의 땀을 손에 묻히며 행운을 빈다.

활쏘기의 역사는 11세기 때부터 시작된 것으로 추정된다. 과녁과의 거리는 75~80m 정도이며 가죽끈으로 엮은 드럼통을 향해 활을 쏜다. 활쏘기는 할흐, 우랑카이, 부리아트 등 세 가지로 나뉘어 진행되는데 할흐, 우랑카이, 부리아트는 몽골의 부족 명칭이다. 활은 동물성 재료로 만들며 부족마다 활을 만드는 방법과 모양이 다르다. 활쏘기 시합에서 뛰어난 실력을 보인 선수가 국가 차원의 칭호를 획득한다. 활쏘기는 남녀 모두가 참가할 수 있어 나담 축제의 스포츠 중 성인 여자가 참가할 수 있는 유일한 종목이다.

- **다양한 우리의 전통문화 축제를 체계적으로 알리자**

몽골 유목민들은 전통문화와 일상생활을 결합한 축제로 해외여행객들의 관심을 꾸준히 모으고 있다. 또한 유목민만의 특징을 관광 요소로 발전시켜 몽골만의 이미지를 알리는 데 성공했다고 볼 수 있다.

현재 '한류 열풍'이라는 이름으로 전 세계에 알려진 우리나라의 문화는 주로 K-Pop, K-Movie 등 현대 대중문화들이다. 물론 이런 현상이 한국에 대한 호기심과 관심을 유도하는 데 큰 역할을 해왔다. 그러나 그동안 전통문화를 알리고 고유한 이미지를 구축하는 데 공을 들인 것 만큼 우리의 전통문화가 세계적으로 잘 알려지지는 않은 것 같다. 서울만 해도 한국민속예술제, 무형문화축제, 국악축제, 한양도성문화제 등 전통문화 관련 축제들이 많고, 지역별로도 안동 국제 탈춤 페스티벌, 전주대사습놀이, 한산대첩축제, 강릉 단오제, 백제문화제 등 전통문화 축제들이 많이 있다. 여러 분야에서 우리나라에 대한 관심이 높아진 요즘, 내국인은 물론 외국인들에게도 우리의 전통문화축제를 체계적으로 홍보하고 쉽게 참여할 수 있는 채널을 만들어 코로나19 이후를 준비해 나가야 하겠다.

뜨는 관광에는 이유가 있다
세계 관광 트렌드 인사이트 2021

초판 1쇄 2021년 1월 11일
초판 3쇄 2021년 7월 27일

지은이 한국관광공사

펴낸이 김선명
펴낸곳 뿌쉬낀하우스
편집 한국관광공사 국제관광전략팀, 엄올가, 송사랑
윤문 김민경
디자인 김율하
주소 서울시 중구 동호로 15길 8, 리오베빌딩 3층
전화 02)2237-9387
팩스 02)2238-9388
이메일 book@pushkinhouse.co.kr
홈페이지 www.pushkinhouse.co.kr
출판등록 2004년 3월 1일 제 2004-0004호

ISBN 979-11-7036-044-5 03980

Published by Pushkin House. Printed in Korea
Copyright ⓒ 한국관광공사
ⓒ 2021 Pushkin House

저작권법에 의해 보호를 받는 저작물이므로 무단 전재와 무단 복제를 금합니다.

* 책자에 실린 정보는 2020년 12월 기준으로, 그 이후에는 정보가 변경될 수 있음.
* 책에 적힌 환율 정보는 2020년 12월 기준 환율임.